Bonnie Bryant

Ärger mit Julia

S[illegible]

Bonnie Bryant

Ärger mit Julia

Sattelclub Band 9

Aus dem Amerikanischen übersetzt
von Simone Wiemken

Ravensburger Buchverlag

Die Deutsche Bibliothek – CIP-Einheitsaufnahme

Bryant, Bonnie:
Ärger mit Julia / Bonnie Bryant.
Aus dem Amerikan. übers. von Simone Wiemken. –
Ravensburg : Ravensburger Buchverl., 1994
(Sattelclub ; Bd. 9)
ISBN 3-473-34679-9
NE: GT

Für Nancy Kaplan Mansbach

1 2 3 4 5 98 97 96 95 94

Die amerikanische Originalausgabe erschien
unter dem Titel „The Saddle Club – Hoof Beat"
beim Verlag Bantam Books, New York

Umschlagkonzeption: Ekkehard Drechsel
Umschlagillustration: Ulrike Heyne
Redaktion: Sabine Schuler
Gesamtherstellung:
Graphischer Großbetrieb Pößneck GmbH
– ein Mohndruck-Betrieb –
Pößneck, Thüringen
Printed in Germany

Papier aus chlorfrei gebleichtem Zellstoff

ISBN 3-473-34679-9

1

„Ganz ruhig, mein Kleiner", sagte Laura Hanson und streichelte sanft den Hals des schwarzen Fohlens. Samson schaute sie mißtrauisch an und warf dann einen Blick auf seine Mutter Delilah, die ganz in der Nähe stand.

Laura hatte ein Halfter in der Hand. Sie zeigte es dem Fohlen. Der kleine Hengst betrachtete es neugierig, aber ohne Anzeichen von Furcht. Es war der dritte Tag, an dem Laura ihm das Halfter zeigte. Sie war sich sicher, daß jetzt der Zeitpunkt gekommen war, ihm das Halfter zum erstenmal anzulegen.

Laura war zwar erst zwölf Jahre alt, aber doch schon eine erfahrene Reiterin, und mit Samsons Hilfe wollte sie auch eine erfahrene Ausbilderin werden. Samson war erst vor wenigen Monaten im Reitstall von Pine Hollow zur Welt gekommen. Laura und ihre beiden besten Freundinnen, Jenny Lake und Julia Atwood, hatten die Geburt miterleben dürfen. Sie war eines der aufregendsten Erlebnisse ihres Lebens gewesen. Doch mittlerweile konnten sie kaum noch glauben, daß dieses große, kräftige Fohlen, das jetzt neben Laura stand, einmal ein kleines, struppiges Neugeborenes gewesen war, das sich abmühte, zum erstenmal auf die Beine zu kommen und einen Schluck Milch zu erwischen. Der kleine Hengst war in den letzten Monaten enorm gewachsen und konnte schon längere Zeit auf der Koppel, die er mit seiner Mutter teilte, herumspringen, ohne müde zu werden. Aber er ist trotzdem noch ein Baby, dachte Laura und lächelte. Jedesmal, wenn sie die Koppel betrat, versteckte sich das Fohlen hinter seiner Mutter.

Jenny und Julia standen am Koppelzaun. Julia hielt Delilah am Halfter fest, denn die Mädchen wußten, daß das Fohlen eher stillhalten würde, wenn es sah, daß auch seine Mutter stillstand. Jenny und Julia hielten den Atem an, während Laura einen Arm um Samsons Hals legte, um ihm das Halfter über den Kopf zu ziehen.

Die drei Mädchen arbeiteten gern zusammen. Sie waren in Pine Hollow gute Freundinnen geworden und hatten den Sattelclub gegründet. Der Club hatte nur zwei Regeln. Die erste war, daß alle Mitglieder Pferdenarren sein mußten. Diese Bedingung zu erfüllen, war für die drei kein Problem. Die zweite Regel schrieb vor, daß alle Mitglieder sich immer gegenseitig helfen mußten, egal ob bei Stallarbeiten oder in Schwierigkeiten.

Laura war die beste Reiterin von den dreien. Sie war die Tochter eines Obersten der Marineinfanterie und auf Militärstützpunkten aufgewachsen, auf denen sie immer Reitunterricht gehabt hatte. Sie war fest entschlossen, auch ihr weiteres Leben mit Pferden zu verbringen.

Jenny, das einzige Mädchen in einer Familie mit vier Kindern, hatte mit dem Reiten begonnen, um etwas zu tun, was sich von den Aktivitäten ihrer Brüder unterschied. Sie gab sich große Mühe und ritt auch schon sehr gut – zumindest, so lange sie keinen Ärger mit Max, dem Besitzer des Reitstalles, hatte. Jenny liebte es, anderen Streiche zu spielen, und brachte sich dadurch – und oft auch ihre Freundinnen – in Schwierigkeiten.

Julia war mit ihren dreizehn Jahren zwar die älteste von den dreien, doch sie besaß die geringste Reiterfahrung. Sie hatte erst vor ein paar Monaten angefangen, Reitstunden zu nehmen, weil ihre Mutter der Ansicht war, daß jede wohlerzogene junge Dame *etwas* über das Reiten wissen sollte. Womit Mrs. Atwood jedoch nicht gerechnet hatte, war, daß Julia schon nach ihren ersten Reitstunden beschlossen hatte, *alles* über Pferde zu lernen. Nachdem Julia entdeckt hatte, wieviel Spaß ihr das Reiten machte, und die drei Mädchen den Sattelclub gegründet hatten, hatte sie ihren ganzen Mut zusammengenommen und ihrer Mutter erklärt, daß sie all die anderen Aktivitäten, nämlich Malen, Ballett und Geigespielen, zu denen ihre Mutter sie ebenfalls gedrängt hatte, aufgeben würde. Mrs. Atwood hoffte, daß diese Phase der Pferdeverrücktheit schnell vorübergehen würde, aber Julia wußte es besser.

„Also gut, mein Kleiner", sagte Laura schmeichelnd, „versuchen wir es." Sie stand neben dem Fohlen. Sie wußte zwar, daß das Tier ihre Worte nicht verstehen konnte, versuchte aber durch die freundlichen Töne zu beruhigen. Samson stand unbeweglich. Sie legte den Nasenriemen des Halfters über sein Maul. Er zog schnell den Kopf zurück, doch Laura ließ sich nicht beirren. Sie berührte seinen Nasenrücken erneut mit dem Riemen. Diesmal hielt Samson still. Sie nahm den Riemen wieder herunter. Er hielt immer noch still. Sie schaute zum Zaun hinüber, in der Hoffnung auf Unterstützung von ihren Freundinnen.

„Du machst das sehr gut", sagte Julia. „Er ist soweit, ich kann es an seinen Augen sehen."

Laura streichelte das Fohlen abermals. Dann redete sie ihm gut zu, streifte das Halfter über seine Nase und schloß die Schnalle des Genickriemens so schnell, daß Samson gar nicht mitbekam, was ihm eigentlich passiert war.

Das Fohlen schüttelte den Kopf, um das Halfter loszuwerden. Ohne Erfolg. Daraufhin schüttelte es den Kopf heftiger und schaute dann hilfesuchend zu seiner Mutter. Delilah sah ihren Sohn jedoch nur kurz an und wandte ihre Aufmerksamkeit dann wieder der Möhre zu, die Julia ihr vor die Nase hielt.

„So ist es brav", sagte Laura. „Es ist doch gar nichts dabei. Braver Kerl." Sie versuchte, das Fohlen zu streicheln, doch es schüttelte nur heftig den Kopf.

Laura fand, daß die Übung für den ersten Tag lange genug gedauert hatte. So schnell, wie sie es aufgelegt hatte, nahm sie das Halfter wieder ab. Samson schüttelte ein letztesmal den Kopf, stellte dabei fest, daß das komische

Gefühl verschwunden war, und richtete seine volle Aufmerksamkeit auf die Zitzen seiner Mutter. Er hatte sich eine kleine Stärkung verdient.

Julia ließ Delilah frei. Laura stieg eilig auf den Zaun, und die drei Mädchen betrachteten die beiden Pferde.

„Das war gute Arbeit", sagte Julia. „Ich wünschte, alle anderen hätten es sehen können."

„Wenn alle hier wären, um zuzusehen, wäre es für uns nichts Besonderes gewesen", stellte Jenny fest. „Außerdem hätten wir dann keine Plätze in der ersten Reihe mehr bekommen."

„Eigentlich will ich auch gar nicht, daß alle zusehen", sagte Julia nachdenklich und rollte die Führleine auf. „Ich wünschte nur, wir könnten dieses Erlebnis mit anderen teilen. Zum Beispiel, indem man darüber schreibt, damit die Leute lesen können, wie es ist, mit Pferden umzugehen."

„Ich verstehe, was du meinst", sagte Laura. „Aber ich könnte nie die richtigen Worte finden."

„Manche Leute können es", erklärte Julia und folgte Laura in den Stall. „Es gibt haufenweise gute Schriftsteller, die genau wissen, wie man sich ausdrückt."

„Aber von denen war keiner dabei", stellte Jenny fest. „Also wird es wohl dabei bleiben, daß nur wir drei wissen, was passierte, als Samson zum erstenmal ein Halfter trug."

Julia warf sich die Führleine über die Schulter und ging

voraus zum Umkleideraum. Sie hatte noch immer die aufregenden Szenen vor Augen – der erste Schritt in der Erziehung eines Fohlens. Warum sollte man diese Erfahrung nicht anderen mitteilen können?

„Igitt", stieß Jenny beim Betreten des Umkleideraumes hervor. „Ich hasse diesen Farbgeruch, ihr nicht auch?"

Laura verzog das Gesicht. „Allerdings", stimmte sie zu, „aber es muß ja gemacht werden." Manchmal betrachtete Laura die Dinge mit einer geradezu aufreizenden Gelassenheit.

Jenny warf einen Blick in die Sattelkammer, aus der der Farbgeruch zu ihnen herüberdrang. „Da sieht es aus wie nach einem Bombeneinschlag!" Auf dem Fußboden türmten sich Sättel, Trensen, Halfter und Ersatzteile. Die Wände waren frisch gestrichen.

„Vielleicht sollten wir unsere Hilfe beim Aufräumen anbieten", schlug Laura vor.

„Dazu hast du gar keine Zeit", erinnerte Jenny sie. „Du hast doch versprochen, heute und morgen im Einkaufszentrum Lose für die Bücherei-Tombola zu verkaufen."

Lauras Unterkiefer klappte herunter. „Ach ja", stöhnte sie, „das hatte ich ganz vergessen!"

Jenny lächelte fröhlich. „Du vergißt grundsätzlich alles, was nichts mit Pferden zu tun hat. Aber du hast ja mich", scherzte sie.

Laura setzte sich auf die Bank und zog ihre Stiefel aus. „Ich verstehe nicht, wie ich das vergessen konnte. Das

Problem ist nur…" Sie unterbrach sich und runzelte die Stirn.

„Ich wette, wir können dir helfen", sagte Julia. „Was immer es auch ist."

„Ja, vielleicht", gab Laura zu. „Das Problem ist, daß ich morgen den ganzen Tag Lose verkaufen muß; ich kann also nicht mit Samson arbeiten. Er soll aber nicht vergessen, was er heute gelernt hat."

„Das ist doch kein Problem", sagte Jenny schnell. „Das können Julia und ich doch machen. Wir müssen ihn doch nur ein paar Sekunden lang ein Halfter tragen lassen, nicht wahr?" Laura nickte.

Julia vertauschte die Reitsachen gegen ihre Straßenkleidung. Jenny und Laura unterhielten sich über die Tombola der Bücherei. Der erste Preis war ein zweiwöchiger Aufenthalt in einem Ferienlager für Reiter. Alle drei wünschten sich sehnlichst, daran teilnehmen zu können, aber es war unwahrscheinlich, daß ihre Eltern sich darauf einlassen würden. Sie hatten in diesem Sommer schon zwei Reisen unternommen – auf eine Pferderanch und nach New York. Jenny verkündete, sie würde alle Lotterielose kaufen, doch dann fiel ihr ein, daß sie dazu kein Geld hatte.

Normalerweise hätte Julia sich an der Unterhaltung beteiligt, doch ihr ging in diesem Augenblick etwas anderes im Kopf herum. Sie mußte noch immer an Samsons erste Trainingsstunde denken und daran, wie viele andere Menschen es geben mußte, die sich dafür interessieren würden.

„He, träumst du?“ fragte Jenny, der Julias abwesender Gesichtsausdruck aufgefallen war. „Woran denkst du? Willst du etwa ohne uns ins Reitcamp?“

„Nein, nein. Ich mußte nur an Samson denken“, sagte Julia. „Es hat so viel Spaß gemacht, seine erste Unterrichtsstunde zu beobachten. So viel Glück wie wir müßte jeder haben! Das sind schließlich Neuigkeiten, die verbreitet werden sollten.“

„Was heißt hier Neuigkeiten“, stichelte Jenny, doch plötzlich begann sie zu strahlen. „Da fällt mir etwas ein. Ich habe eine große Neuigkeit für euch! Kaum zu glauben, daß ich es beinahe vergessen hätte!“

„Was denn?“ fragte Laura und schlüpfte in ein Paar goldfarbene Baumwoll-Shorts.

„Ja, was denn?“ wollte auch Julia wissen. Jenny klang aufgeregt, und Julia hatte schon vor geraumer Zeit festgestellt, daß es meistens etwas Gutes bedeutete, wenn Jenny aufgeregt war, auch wenn es gelegentlich damit endete, daß die drei in Schwierigkeiten gerieten.

„Ich bekomme eine Schwester!“ verkündete Jenny.

„Deine Mutter ist …?“ begann Julia verblüfft.

„Aber nein“, erwiderte Jenny und kicherte. Sie zog sich das T-Shirt über den Kopf und begann, es in den Bund ihrer abgeschnittenen Jeans zu stecken, überlegte es sich dann aber anders und ließ es heraushängen. „Kein Baby. Was ich damit meine, ist, daß diese Moni Sowieso ein paar Wochen bei uns wohnen wird. Sie wird so etwas Ähnliches wie meine Schwester sein, denn sie ist etwa in unserem Alter, und vor allem habe ich mit ihr endlich eine Verbündete gegen meine zahlreichen Brüder!"

„Das ist wirklich eine Neuigkeit", bestätigte Julia begeistert. „Ist sie eine Austauschschülerin oder so etwas?"

Jenny stellte ihre Stiefel in den Schrank und stopfte ihre Reitsachen in eine Sporttasche. „Nein, sie kommt aus Washington, und ihre Mutter ist eine Arbeitskollegin von meiner Mutter. Ihre Eltern haben eine Reise nach Hawaii gewonnen, allerdings nur für zwei Personen. Eigentlich wollten sie den Gewinn nicht annehmen, weil sie Moni nicht mitnehmen konnten, doch meine Mutter hat Moni eingeladen, solange bei uns zu wohnen. Ihre Mutter sagte, Moni wäre noch nie zuvor auf dem Land gewesen. Könnt ihr euch das vorstellen?"

„Klar", erwiderte Julia. „Wenn man von dem großen Turnier in New York absieht, verbringen wir ja auch nicht gerade viel Zeit in einer Großstadt, oder? Ich stelle es mir ziemlich merkwürdig vor, in der Stadt zu wohnen, und ich wette, Moni wird es auch ziemlich komisch vorkommen, bei dir zu wohnen."

„Ich hoffe nur, sie ist nicht allzu komisch", sagte Jenny. „Schließlich ist sie meine einzige Chance, überhaupt einmal zu einer Schwester zu kommen."

„Ich meinte eigentlich nicht, daß Moni komisch sein könnte", sagte Julia und verzog das Gesicht, damit Jenny ihr Grinsen nicht sah.

„Du glaubst also, ich bin komisch?" fragte Jenny herausfordernd.

Julia konnte ihr Kichern nicht unterdrücken. Jenny ging es ebenso. Jenny war wirklich ein bißchen komisch, aber auf eine nette Art.

„Laura, du hast dein T-Shirt verkehrt herum an", sagte Jenny und wechselte damit das Thema.

Laura schaute verwirrt an sich herunter. „Ich hätte schwören können..."

„Vielleicht solltest du nur noch T-Shirts tragen, auf denen ein Pferdekopf abgebildet ist", neckte Jenny sie. „Dann wüßtest du immer, wo vorn ist."

„Sehr witzig", konterte Laura grinsend und schüttelte dann den Kopf. „Aber du hast recht. Ich bin manchmal wirklich etwas vertrottelt. Wer weiß, was mir als nächstes passieren wird!" Sie schob eine Hand in ihre Hosentasche. „O nein!" rief sie entsetzt.

„Was ist?" wollte Julia wissen.

„Das Geld ist weg", stieß Laura hervor. Sie schob die Hand tiefer in ihre Tasche und suchte erfolglos darin herum. „Das Geld für das Geburtstagsgeschenk für meinen Vater..."

„Du wolltest ihm ein paar CDs kaufen, oder?" fragte Jenny.

Laura nickte. Ihr Vater liebte Musik der fünfziger und sechziger Jahre. Sie hatte lange gespart, um ihm ein paar CDs mit alten Schlagern kaufen zu können.

„Vielleicht ist es in deiner Reithose“, meinte Julia.

Laura durchsuchte die Taschen ihrer Reithose, doch ohne Erfolg. „Es sind fünfzehn Dollar! Ich werde sie doch nicht verloren haben. Es sind nur noch ein paar Wochen bis zu seinem Geburtstag. Wenn ich ...“

„Was ist mit deiner Geldbörse?“ fragte Jenny. „Wo ist sie?“

„In dieser Tasche“, antwortete Laura und zeigte auf die Gesäßtasche ihrer Shorts. „Aber darin ist das Geld für Dads Geburtstag nicht. Wenn ich es in der Geldbörse hätte, könnte ich es versehentlich ausgeben.“

„Vielleicht ist es in deinem Rucksack“, meinte Julia.

Laura zog ihre Sachen aus dem Rucksack, doch auch dort war kein Geld zu finden. Sie setzte sich auf die Bank, stützte die Ellbogen auf die Knie und legte das Kinn in die Hände. Sie runzelte die Stirn bei dem Versuch, sich zu konzentrieren. „Ich hatte das Geld doch erst in der Hand. Daran erinnere ich mich. Aber ich weiß nicht mehr, was ich dann damit gemacht habe.“

Julia empfand Mitleid mit Laura und wünschte, ihr helfen zu können. Wenn Laura nur nicht so vergeßlich und unkonzentriert wäre! Es war nicht das erstemal, daß sie etwas Wichtiges vergessen hatte. Einmal hatte sie beinahe vergessen, für einen mehrtägigen Ausflug Gepäck und Schlafsack in den Reisebus zu packen.

„Ich verstecke mein Geld manchmal in den Schuhen“, sagte Jenny.

„Das ist es!“ stieß Laura hervor und strahlte. „Es ist in meinem Stiefel.“ Unter den erstaunten Blicken ihrer Freundinnen griff Laura in ihren rechten Reitstiefel. „Ich hab's!“ triumphierte sie und zog zwei verknitterte Geldscheine hervor, einen Fünf- und einen Zehndollarschein.

„Laura!“ sagte Jenny streng. „So geht man nicht mit Geld um – vor allem nicht mit soviel Geld!“

„Ich weiß“, seufzte Laura. „Aber jetzt muß ich einen Platz finden, an dem ich es sicher verwahren kann, bis ich dazu komme, die CDs für Dad zu kaufen.“ Sie sah Jenny an. „Du hast mir geholfen, es wiederzufinden“, sagte sie. „Hilfst du mir auch, darauf aufzupassen?“

„Klar“, sagte Jenny. „Wenn du willst.“

„Das wäre toll. Bitte bewahre es drei Wochen lang für mich auf. Ich will am Samstag vor seinem Geburtstag zum Einkaufen gehen. Dann kannst du mir das Geld wiedergeben.“ Sie legte es in Jennys Hand. „Aber gib es mir nicht vorher – egal, wie sehr ich darum bettele, okay?“

Jenny betrachtete das Geld und sah dann ihre Freundin an. „Bist du sicher?“ fragte sie. Laura nickte. Langsam holte Jenny ihre eigene Geldbörse hervor, öffnete den Verschluß zu einem Geheimfach, schob das Geld hinein, schloß die Klappe und warf die Geldbörse in ihre Sporttasche. „Mach dir keine Sorgen, daß ich es mit meinem eigenen Geld durcheinanderbringen und versehentlich ausgeben könnte“, sagte sie. „Ich besitze nur vier Cents.“

„Ich weiß“, sagte Laura. „Ich vertraue dir. Du hast ja nie

mehr als vier Cents! Jetzt muß ich aber los. Vielen Dank und bis später!"

Laura schnappte sich ihre Sachen und stürzte zur Tür hinaus.

„In letzter Zeit passieren wirklich aufregende Dinge", sagte Julia zu Jenny, während sie ihre Sachen sorgsam im Schrank verstaute. „Es gibt einen Haufen Neuigkeiten im Stall, von Samsons Ausbildung bis hin zu deiner neuen Schwester."

„Klar, ich sehe schon die Schlagzeilen in der Zeitung von morgen", erwiderte Jenny ironisch.

Das brachte Julia auf eine Idee. Eine geniale Idee, fand sie und lächelte geheimnisvoll.

2

Julia umklammerte ihre Mappe so krampfhaft, daß sie sicher war, die darin befindlichen Papiere völlig zu zerknittern. Sie betrachtete den Schriftzug an der Tür – WILLOW CREEK TAGEBLATT. Sie hatte weiche Knie. Sie holte tief Luft und klopfte an die Tür.

„Herein", antwortete eine knurrige Stimme.

Sie öffnete die Tür und warf einen vorsichtigen Blick in den Raum. Sie erwartete ein Redaktionsbüro wie bei einer Großstadtzeitung, mit unzähligen Schreibtischen und vielen Computern, an denen erschöpfte, aber eifrige Reporter saßen, die entschlossen waren, den nach Informationen hungernden Bürgern von Willow Creek die Wahrheit mitzuteilen.

Sie hatte ihre Erwartungen jedoch zu hoch gesteckt. In dem Raum standen nur drei Schreibtische, die allesamt aussahen, als hätte man sie vom Sperrmüll geholt. Auf einem von ihnen stand allerdings wirklich ein Computer und auf einem anderen eine alte mechanische Schreibmaschine. Auf dem dritten Schreibtisch befand sich möglicherweise auch eine Schreibmaschine, doch das festzustellen, war unmöglich, denn auf dem Tisch waren alte Ausgaben des *Tageblatts* so hoch gestapelt, daß sie alles andere verdeckten.

„Mr. Teller?" fragte sie schüchtern.

„Das bin ich", sagte der Mann und schob sich die Brille auf die Stirn. Er war fast kahl und hatte ein hageres Gesicht und buschige Augenbrauen, die ihn ein wenig unheimlich aussehen ließen. „Und du mußt das Mädchen sein, das wegen der Pferde angerufen hat – Julia, nicht wahr?" Er lächelte sie an. Er hatte eines der nettesten Lächeln, das Julia je gesehen hatte, und sie fand ihn auch nicht länger unheimlich.

„Julia Atwood", sagte sie und seufzte erleichtert.

„Setz dich doch", sagte Mr. Teller. Er schaute sich suchend um. „Hier muß irgendwo ein Stuhl sein. Dieses Büro ist berühmt für seine wandernden Papierstapel. Wenn ich einer freien Fläche den Rücken zuwende, kommt garantiert ein Stapel Papier angekrochen und füllt sie aus!"

Julia mußte lachen. Er stand auf und legte die Papiere auf den Boden. Julia setzte sich schnell. Sie wendete sich dem Papierstapel zu, den er gerade auf den Boden gelegt hatte, und sagte energisch: „Sitz und bleib da!"

Mr. Teller lachte über ihren Witz. „Ich glaube, wir werden uns gut verstehen", sagte er. Dieser Ansicht war Julia auch. „Nun erzähl mir noch einmal von deiner Idee."

„Es geht um Pferde", begann sie. „Wissen Sie, ich reite in Pine Hollow, genau wie viele andere Mädchen und einige Jungen aus dieser Stadt. Es ist ein recht großer Betrieb. Es werden Reitstunden gegeben und Kurse abgehalten, Fohlen geboren und ausgebildet. Natürlich interessiert das nicht jeden, aber es passiert so viel in unserem Reitstall, daß es sich lohnen müßte, die jungen Reiter darüber auf dem laufenden zu halten, und deshalb sollte in Ihrer Zeitung eine eigene Reitstallkolumne erscheinen."

„Interessante Idee", sagte Mr. Teller und lehnte sich in seinem Stuhl zurück. „Hast du vielleicht auch eine Idee, wer diese Kolumne schreiben könnte?"

Julia wußte, daß Mr. Teller sie aufzog. Er wußte bereits, daß sie die Artikel schreiben wollte, denn sie hatte es ihm am Telefon gesagt.

Sie wurde rot. „Ich habe schon eine ganze Menge Erfahrung", sagte sie. „Meine Aufsätze sind immer gut benotet worden – ich habe ein paar davon mitgebracht..." Sie griff nach ihrer Mappe.

„Das ist schon in Ordnung", sagte Mr. Teller. „Ich glaube gern, daß du gute Noten hast und auch gute Schulaufsätze schreibst, aber das bedeutet noch nicht, daß du auch einen Zeitungsartikel schreiben kannst."

„Ich habe damit gerechnet, daß Sie das sagen würden", sagte Julia. „Deshalb habe ich auch ein paar von den Artikeln mitgebracht, die ich im letzten Jahr für unsere Schülerzeitung geschrieben habe." Sie reichte ihm drei ihrer Lieblingsartikel. Einer handelte von dem neuen Physiklehrer und die beiden anderen von Klassenausflügen.

„Gute Idee", sagte er und warf einen kurzen Blick auf die Zeitungsausschnitte. „Also gut, Julia, du kannst schreiben. Worum soll es bei deinem Projekt gehen?"

Dies war der Augenblick, von dem Julia die ganze letzte Nacht geträumt hatte, denn anstatt zu schlafen, hatte sie fast die ganze Zeit wach gelegen und sich ausgemalt, wie ihr Vorstellungsgespräch wohl verlaufen würde. In ihren Gedanken war es nie so problemlos gewesen, wie dies jetzt der Fall war. „Hufschlag", sagte sie und sah Mr. Teller direkt ins Gesicht. „Die Kolumne soll Hufschlag heißen."

Mr. Teller lehnte sich erneut in seinem Stuhl zurück. Julia hatte den Eindruck, daß er das immer tat, wenn er nachdachte. Er schaute nach links und rechts, obwohl es auf beiden Seiten nichts anderes zu sehen gab als Papierstapel. Schließlich sah er Julia wieder an.

„Also gut", sagte er. „Ich brauche pro Woche 500 bis 750 Wörter. Das sind zwei bis drei Schreibmaschinenseiten. Die Artikel müssen bis Mittwoch mittag hiersein. Du bist ganz allein verantwortlich, ich werde die Artikel nicht korrigieren, es sei denn, sie enthalten sprachliche Fehler. Wenn du willst, kannst du Dienstagabend kommen und die Schreibmaschine dort drüben benutzen."

Julia betrachtete die antike Maschine voller Zweifel. „Nein danke. Wir haben einen Computer zu Hause, den ich benutzen kann. Das ist einfacher für mich."

„Das wäre es für mich auch", scherzte Mr. Teller. „Ich zahle dir fünfzehn Dollar für jeden Artikel."

„Sie wollen mich bezahlen?" Julia dachte, sie hätte sich verhört. Sie war völlig verblüfft. „Jede Woche?"

„Natürlich werde ich dich bezahlen", knurrte Mr. Teller. „Wenn ich es nicht täte, könntest du auf die Idee kommen, diese Arbeit wäre nicht wichtig. Das ist sie aber, denn von nun an werde ich wöchentlich mit zwei bis drei Seiten Manuskript von dir rechnen. Ich halte eine Spalte dafür frei, und wenn du mich hängenläßt, bekomme ich Probleme. Und das paßt mir gar nicht – ebenso wie es dir nicht passen würde, kein Geld zu bekommen. Alles klar?"

Julia nickte nur. Sie war zu aufgeregt, um etwas zu sagen.

„Also gut. Heute ist Donnerstag. Was meinst du, kannst du den ersten Artikel bis Mittwoch abliefern?"

„Jawohl, Chef!" sagte sie und stand stramm. Leider fiel dabei ihre Mappe herunter, und ihre Schulaufsätze verteilten sich über den ganzen Fußboden. Julia wurde rot.

„Verstehst du jetzt, was ich damit meine, daß in diesem Büro jedes Stück Papier ein Eigenleben führt?" fragte Mr. Teller und half ihr beim Aufsammeln. Julia lächelte dankbar, weil er versuchte, ihr über die Situation hinwegzuhelfen. „Ach ja, noch etwas..."

„Ja?"

„Nenn mich nicht Chef. Mr. Teller reicht."

Julia legte die letzten Papiere in ihre Mappe, gab ihrem neuen Boß die Hand, sprach ihn mit Mr. Teller an und nicht mit Chef und verließ das Büro.

Sie war so aufgeregt, daß sie die Treppen fast hinunterschwebte. Sie war eine Reporterin – mit einer eigenen Kolumne! Das war das Aufregendste, was ihr passiert war, seit sie mit dem Reiten begonnen hatte. Sie hatte einen Job. Einen echten Job, der erste Schritt zur Karriere.

Das Tageblatt von Willow Creek war zwar nicht die *Washington Post* oder die *New York Times,* aber es war zumindest ein Anfang. Schließlich war sie erst dreizehn. Wenn sie schon in ihrem Alter einen guten Start hatte, würde sie vielleicht etwas für die *Washington Post* schreiben können, wenn sie auf dem College war. Vielleicht würde sogar ihr Name unter der Titelzeile ihrer Artikel erscheinen. Am meisten reizte sie der Aufgabenbereich eines Kriminalreporters. Sie konnte im Untergrund arbeiten und Mafiabosse oder Drogenschmuggler verfolgen, vielleicht sogar Regierungsskandale aufdecken. Sie würde in Kriegsgebiete reisen und Soldaten interviewen und mit Diktatoren und Präsidenten sprechen. Und Spionagegeschichten – sie konnte Doppelagenten enttarnen, die die Demokratie untergruben. Mit solchen Artikeln würde sie ohne Mühe den Pulitzerpreis bekommen – wahrscheinlich sogar zweimal! Dadurch würde dann natürlich auch das Nobelkomitee auf sie aufmerksam werden...

Doch zunächst mußte sie einen Artikel über die Ausbildung von Samson schreiben.

3

Jenny konnte es immer noch nicht fassen, wie süß Samson war. Sie hatte seine Geburt miterlebt und ihm zugeschaut, als er das erstemal aufstand und bei seiner Mutter trank. Seither hatte sie ihn fast täglich gesehen – doch es war immer wieder genauso aufregend wie am ersten Tag.

Samson war inzwischen enorm gewachsen, war aber doch noch sehr klein und vor allem sehr süß. Die meiste Zeit hielt sich Samson in unmittelbarer Nähe seiner Mutter auf, doch manchmal wagte er sich auch allein ein Stück weit fort. Aber sobald jemand die Koppel betrat, flüchtete er sofort wieder zu seiner Mutter. Delilah war immer für ihn da und wartete auf ihn. Sie berührte ihn mit den Nüstern und beruhigte ihn, wenn er sich fürchtete. Jenny fand, sie war eine besonders gute und aufmerksame Mutter.

Jenny war heute allein mit Samson und Delilah. Laura war im Einkaufszentrum und half beim Losverkauf für die Bücherei. Julia hatte versprochen, später vorbeizukommen und Jenny zu helfen. Sie hatte Jenny am Morgen angerufen und etwas von einer Verabredung gemurmelt, sich dabei aber sehr vage ausgedrückt. Normalerweise hätte

Jenny sich darüber geärgert, zum Teil, weil sie neugierig war, aber auch, weil sie fest mit Julias Hilfe gerechnet hatte. Im Augenblick aber freute sie sich darüber, die einzige zu sein, die mit Samson arbeiten würde. Sie hatte Laura am Vortag aufmerksam zugesehen und war sicher, daß sie es auch schaffen würde. Außerdem würde es viel Spaß machen.

„Hallo, ihr zwei", sagte sie zu Mutter und Sohn. Delilah sah ohne großes Interesse zu ihr herüber, und Samson drückte sich eng an seine Mutter.

Als erstes legte Jenny Delilah ein Halfter auf und band die Stute am Koppelzaun fest. Delilah zeigte sich brav und folgsam wie immer.

„Braves Mädchen", lobte Jenny und klopfte der Stute demonstrativ den Hals. Sie wollte Samson zeigen, wie gut sie sich mit seiner Mutter verstand. „Siehst du, Kleiner, du kannst mir trauen. Deine Mutter und ich sind alte Freunde."

Das Fohlen verschwand hinter Delilahs Kruppe.

„Das stimmt wirklich", bekräftigte Jenny. „Sie wird es dir bestätigen. Wir sind oft zusammen ausgeritten. Einmal hat sie sogar versucht, mich loszuwerden, aber ich konnte mich auf ihr halten!"

An diesen Tag konnte Jenny sich noch gut erinnern. Es war in dem Jahr gewesen, in dem sie mit dem Reiten angefangen hatte. Sie war in Turnschuhen ausgeritten und hatte einen Steigbügel verloren, der daraufhin gegen

Delilahs Bauch schlug. Das hatte der Stute natürlich überhaupt nicht gefallen, und sie hatte sich furchtbar aufgeregt. Jenny hatte sich verzweifelt an ihre Mähne geklammert, doch sie hatte es geschafft, den Steigbügel wieder aufzunehmen. Seit jenem Tag trug sie zum Reiten nur noch hochhackige Cowboystiefel.

„Gute alte Freunde", wiederholte Jenny und kletterte über den Koppelzaun. Sie ging an Delilah vorbei und versuchte, sich Samson zu nähern. Sie wollte ihn nicht erschrecken. Das Halfter hatte sie in der linken Hand und verbarg es hinter ihrem Rücken. Sie zeigte ihm ihre leere rechte Hand, doch die schien ihn nicht sehr zu interessieren. Er wich zurück.

Jenny machte einen Schritt nach vorn. Samson machte einen Schritt nach hinten. Sie versuchte es erneut mit demselben Ergebnis.

„Das ist fast wie in der Tanzstunde", stellte sie fest.

Sie bewegte sich nach rechts. Er wich nach links aus. Sie verlagerte ihr Gewicht. Er tat dasselbe. Das brachte sie zum Lachen.

Jenny sprang ein paar Zentimeter hoch in die Luft. Samson ergriff die Flucht, schlug einen großen Bogen, versteckte sich auf der anderen Seite seiner Mutter und drückte sich eng an sie.

Jenny schlich sich um Delilahs Hinterhand herum und legte vorsichtig eine Hand auf Samsons Flanke. Er wich ihr wieder aus.

Sie schaute ihm gern zu, wenn er sich bewegte. Irgend etwas unterschied seine Gangarten von denen eines erwachsenen Pferdes. Wahrscheinlich lag es an seinen Proportionen, überlegte Jenny. Die Beine des Fohlens waren, verglichen mit der Körpergröße, viel länger als die seiner Mutter, und er bewegte sich wie auf Sprungfedern. Jenny hätte ihn stundenlang beobachten können.

Samson versteckte sich neben seiner Mutter. Jenny ging in die Hocke und schaute ihn unter Delilahs Bauch hindurch an.

„Kuckuck!" sagte sie, woraufhin das Fohlen entsetzt hochsprang und von seiner Mutter weggaloppierte. Doch kurz darauf war es wieder neben Delilah und drückte sich auf der Jenny abgewandten Seite dicht an sie. Wieder schaute Jenny unter dem Bauch der Stute hindurch. Diesmal war Samson darauf gefaßt. Er schaute zu ihr herüber. „Kuckuck!" rief sie, und wieder schoß das Fohlen los.

„Kluges Kerlchen!" lobte Jenny, die überrascht war, daß der kleine Hengst das neue Spiel so schnell begriffen hatte. Mit Samson zu spielen war genauso lustig wie das Spiel mit einem jungen Hund, und Jenny hatte bereits festgestellt, daß es Samson soviel Spaß machte wie ihr.

Jenny hängte Samsons Halfter über einen Zaunpfosten. Sie konnte besser mit ihm spielen, wenn sie nicht ständig durch das an ihrer Schulter hängende Halfter gestört wurde.

Jenny probierte mehrere Variationen des Kuckuck-

Spiels – manchmal erwischte sie Samson von der anderen Bauchseite seiner Mutter, dann wieder stand er vor oder hinter ihr. Delilah blieb währenddessen ungerührt stehen und nahm von den Verrücktheiten ihres Sohns keine Notiz. Jenny wunderte sich nicht, daß die Stute in keiner Weise reagierte. Sie war ausgezeichnet erzogen und hatte schon vor langer Zeit gelernt, brav stehenzubleiben, wenn sie angebunden war.

Als Jenny das Kuckuck-Spiel zu langweilig wurde, versuchte sie Samson das Fangen-Spiel beizubringen, doch darin war er bereits Meister. Jedesmal, wenn sie ihre Hand nach ihm ausstreckte, wich er ihr aus und floh in die entgegengesetzte Richtung. Sie versuchte, ihn auszutricksen, indem sie zuerst die rechte Hand nach ihm ausstreckte, um ihn dann, wenn er auswich, mit der linken Hand zu erwischen. Samson erkannte jedoch schnell, daß er, um ihr auszuweichen, nur einen Satz rückwärts zu machen brauchte. Und wenn Jenny ihm dann nachlief, wurde er einfach etwas schneller.

Jenny überlegte gerade, ob sie Samson wohl beibringen könnte, „Folge-dem-Anführer" zu spielen, als Julia auftauchte.

„Komm herein und sieh dir an, was ich Samson beigebracht habe", sagte Jenny.

„Ach, ich glaube, ich sehe lieber nur zu", erwiderte Julia. „Es sei denn, du brauchst mich."

„Nein, wir amüsieren uns prima. Ich hätte nie gedacht,

daß ein Pferd so schlau sein kann! Warte, ich zeige es dir."

Jenny führte ihre beiden Spiele vor. Julia wollte ihren Augen nicht trauen. Sie hatte zwar schon Pferde gesehen, die für komplizierte Aufgaben ausgebildet waren, aber noch nie eines, das mit so viel Freude spielte.

„Versuch du es", schlug Jenny vor. „Ich wette, du kannst es genausogut wie ich. Samson macht es einem aber auch wirklich leicht."

Die Versuchung war groß für Julia. Mit dem Fohlen zu spielen, mußte unheimlich viel Spaß machen. Aber sie hatte einen Job zu erledigen. Sie hatte eine Kolumne zu schreiben und wollte ihre Freundinnen damit überraschen. Und jetzt hatte sie etwas, über das zu schreiben sich wirklich lohnte!

„Ich kann nicht", sagte sie. „Ich habe noch etwas zu tun."

„Aber du bist doch gerade erst gekommen", erwiderte Jenny enttäuscht.

„Ich weiß, aber es ist nicht zu ändern."

Jenny spürte, daß Julia ihr etwas verheimlichte, doch im Augenblick hatte sie viel zuviel Spaß mit Samson, um sich Gedanken darüber zu machen, was Julia wohl im Schilde führte. Deshalb verabschiedete sie sich von ihr, begann wieder mit Samson zu spielen und bekam nicht einmal mit, wie Julia sich auf den Heimweg machte.

Sie mußte feststellen, daß Folge-dem-Anführer viel

schwieriger war als ihre anderen Spiele. Sie lief vor Samson her und fing dann an zu hüpfen, etwa im Tempo des Trabes. Samson folgte ihr zwar brav, doch sie war sich nicht sicher, daß er genau dasselbe tat wie sie, wie es die Spielregeln vorschrieben. Die einzige Möglichkeit, das festzustellen, war, anzuhalten und sich umzudrehen, doch jedesmal, wenn sie das tat, mußte sie feststellen, daß Samson ebenfalls stehengeblieben war und sie unverwandt ansah. Und als sie *ihn* dann zum Anführer bestimmte, lief er nur zu Delilah. Als er das drittemal bei seiner Mutter angekommen war, begann er zu trinken.

Beim Anblick des saugenden Fohlens merkte Jenny, daß sie ebenfalls Hunger hatte, und da sie außerdem ziemlich müde war, galt für Samson sicher dasselbe. Sie warf einen Blick auf ihre Uhr. Es war fast ein Uhr. Sie hatte über zwei Stunden mit Samson gespielt – es war ihr vorgekommen, als wären es nur ein paar Minuten gewesen. Sie hatte Laura versprochen, sich fünfzehn bis zwanzig Minuten lang mit dem Fohlen zu beschäftigen, aber wie sich herausgestellt hatte, war das nicht annähernd genug. Laura würde begeistert sein!

Jenny wollte das trinkende Fohlen nicht stören. Es machte einen so friedlichen Eindruck – das Gegenteil zu dem lebhaften kleinen Kobold, mit dem sie noch vor wenigen Minuten gespielt hatte. Jenny kletterte auf den Zaun, band Delilah los, nahm ihr das Halfter ab und stieg dann vom Zaun herunter. Sie war schon auf halbem Wege zur

Sattelkammer, als ihr das Halfter einfiel, das sie für Samson mitgebracht, aber überhaupt nicht gebraucht hatte. Sie ging noch einmal zur Koppel zurück und stellte fest, daß Samson flach ausgestreckt auf einer schattigen Stelle der Weide lag und fest schlief. Sie nahm sein Halfter und seine Führleine mit und machte sich auf den Rückweg zum Stall.

Dort traf sie der unangenehme Farbgeruch wie ein Keulenschlag. „Bäh", sagte sie und verzog das Gesicht. Es war jedoch niemand in der Nähe, der ihr hätte zustimmen können. Die meisten Mädchen, die gewöhnlich in ihrer Gruppe ritten, waren mit Red O'Malley auf einem Ausritt. Jenny hätte mitreiten können, aber mit Samson zu spielen, hatte viel mehr Spaß gemacht.

Sie wollte sich gerade auf die Bank im Umkleideraum setzen, als ihr auffiel, daß die Bank strahlend weiß und ganz offensichtlich frisch gestrichen war. Ein weißer Streifen auf dem Hinterteil ihrer Jeans hätte ihr gerade noch gefehlt!

Sie setzte sich auf den Boden und zog ihre Tasche aus dem Schrank. Die Jeans wollte sie anbehalten, aber für den Heimweg in ihre Turnschuhe schlüpfen. Die Stiefel waren zwar prima zum Reiten und für die Arbeit auf der Koppel, aber zum Laufen recht unbequem.

Sie brauchte nur ein paar Sekunden, um die Schuhe zu wechseln, und machte sich nicht einmal die Mühe, die Schnürsenkel zuzubinden. Sie stopfte die Stiefel in ihr Schrankfach, zog den Reißverschluß ihrer Sporttasche zu und wollte gerade gehen, als ihr auffiel, daß sie ihre Geldbörse nirgends gesehen hatte – nicht, daß ihr das viel ausmachen würde. Sie hatte drei ihrer vier Cents für einen Kaugummi ausgegeben und demzufolge keine großen Reichtümer mehr zu verlieren. Die Geldbörse zu verlieren, wäre allerdings ärgerlich, denn in ihr befand sich ihr Büchereiausweis.

Sie durchsuchte die Sporttasche. Keine Geldbörse, auch nicht in der Außentasche. Gereizt ließ sie sich erneut auf dem Boden nieder und zog die Stiefel wieder aus dem Schrank, denn es bestand immerhin die Möglichkeit, daß sie die Geldbörse beim Einstellen der Stiefel nach hinten geschoben hatte. Doch sie fand sie nicht.

Jenny ärgerte sich über sich selbst. Sie haßte es, Dinge zu verlieren. Sie war sicher, daß sie die Geldbörse nicht aus der Tasche genommen hatte, seit sie sie am Vortag hineingesteckt hatte, aber es sah ganz so aus, als wäre sie trotzdem verschwunden. Gestohlen hatte sie sicher niemand, denn die Geldbörse war weder besonders wertvoll, noch hatte sich Geld in ihr befunden. Niemand würde eine leere Geldbörse stehlen ... Plötzlich fiel ihr ein, daß Lauras Geld in ihrer Börse gewesen war. Laura hatte sie doch gebeten, die fünfzehn Dollar aufzubewahren, für die sie ihrem Vater ein Geschenk kaufen wollte – und es sah ganz so aus, als wäre das Geld gestohlen worden! Jenny fühlte sich, als hätte ihr jemand einen Schlag in die Magengrube versetzt. Fünfzehn Dollar! Wie hatte das nur passieren können?

Die Schrankfächer waren unverschlossen, doch alle Reiter des Stalls kannten einander, und es war mit Sicherheit niemand darunter, der einen Freund bestehlen würde. Laura hatte sich ihr Geld bestimmt nicht zurückgenommen. Und Julia konnte es schon gar nicht gewesen sein.

Jennys ohnehin lebhafte Phantasie arbeitete auf Hochtouren. Als erstes überlegte sie, wer dabeigewesen war, als Laura ihr das Geld zur Aufbewahrung gegeben hatte, aber es erschien ihr völlig ausgeschlossen, daß einer der jungen Reiter es gestohlen haben könnte. Vielleicht einer von den Stallburschen? fragte sie sich. Sie schüttelte den Kopf. Wahrscheinlich war es ein Fremder gewesen, der von der Straße hereingekommen war und in dem verlassenen Umkleideraum nach Wertsachen gesucht hatte. Diese Erklärung klang zumindest plausibel, aber es war doch ziemlich unwahrscheinlich, daß ein Dieb seine Zeit im Kinder-Umkleideraum eines Reitstalls verschwenden würde. Im Augenblick war es unwichtig, *wie* die Geldbörse verschwunden war. Wichtig war nur, *daß* sie verschwunden war. Sie mußte mit Max sprechen.

Sie fand ihn in der Box von Barq, wo er einen der Hufe des Pferdes untersuchte. Er hielt den Huf in das in den Stall einfallende Sonnenlicht, säuberte ihn mit einem Hufkratzer und tastete ihn dann sorgfältig ab. Jenny wartete. Ihr war zwar überhaupt nicht nach geduldigem Warten zumute, aber es war völlig sinnlos, Max anzusprechen, solange er mit einem Pferd beschäftigt war.

„Ha! Erwischt!" sagte er schließlich. Er schob die Spitze des Hufkratzers zwischen Hufeisen und Huf, bewegte sie vorsichtig hin und her, bis ein Kieselstein herausfiel und im Stroh verschwand. Max ließ Barqs Huf los, woraufhin sich dieser wieder seinem Heu zuwandte, als wäre nichts gewesen.

„Was gibt's, Jenny?" fragte Max, verließ die Box und verriegelte die Tür hinter sich. „Ich sah dich vorhin auf dem Weg zu Samsons Koppel. Ist mit ihm alles in Ordnung?"

„Oh, ja, ich habe ganz prima mit Samson gearbeitet", sagte sie. „Aber ich habe ein Problem." Sie erzählte ihm von ihrer Geldbörse und Lauras Geld.

„Das ist schlimm", sagte er und schüttelte mitfühlend den Kopf.

„Allerdings", bestätigte sie und war sicher, daß Max einen Weg finden würde, das Problem zu lösen. „Aber du wirst mir doch helfen?"

„Ich wüßte nicht, wie", erwiderte er. „Aber ich bin sicher, daß du daraus etwas gelernt hast."

Das war nun absolut nicht, was Jenny sich von ihm erhofft hatte. Er sagte genau dasselbe, was auch ihre Eltern gesagt hätten.

„Aber das ist nicht fair", jammerte sie. „Das Geld ist gestohlen worden. In *deinem* Stall! Dafür kann ich doch nichts!"

„Jenny, das hier ist ein öffentlicher Ort. An den Schränken sind keine Schlösser. Sie bieten unseren Reitern eine

Möglichkeit, ihre Sachen aufzubewahren, aber sie sind keine Tresore. Es tut mir leid für Laura, aber es war leichtsinnig von dir, soviel Geld im Umkleideraum zu lassen. Beim nächstenmal denk daran, daß ich jederzeit bereit bin, Wertsachen in meinem Schreibtisch einzuschließen."

Er machte sich auf den Weg in sein Büro. Jenny folgte ihm bedrückt. Sie mußte ihn einfach dazu bringen, ihr zu helfen.

„Beim nächstenmal? Es wird kein nächstes Mal geben, Max! Laura wird nie wieder mit mir reden! Sie wollte ihrem Vater mit dem Geld ein Geschenk kaufen! Tu doch etwas!"

„Das sollte ich vielleicht wirklich", antwortete er nachdenklich.

Jenny wartete. Die Tatsache, daß es sich um Lauras Geld handelte, würde ihn zum Handeln veranlassen, das war sicher. Max kratzte sich den Kopf.

„Also gut", sagte er, „sobald die Malerarbeiten fertig sind, werde ich im Umkleideraum ein Schild aufhängen, damit alle wissen, daß sie mir ihre Wertsachen in Verwahrung geben können."

Das hilft mir auch nicht weiter, dachte Jenny verzweifelt und machte sich verbittert auf den Heimweg.

4

Am selben Abend saß Julia in dem bequemen Sessel in ihrem Zimmer, mit den Beinen über einer der weichen Armstützen und dem Rücken an der anderen. Sie dachte nach.

Sie hatte bereits eine Liste von Themen zusammengestellt, über die sie in ihrer ersten Kolumne schreiben konnte. So weit, so gut. Das Problem war nur, daß auf ihrer Liste mindestens fünfzehn verschiedene Themen standen, und es war absolut ausgeschlossen, mit nur 500 Wörtern alles zu erfassen. Am liebsten würde sie über Samsons Ausbildung schreiben, aber darüber gab es so viel zu berichten, daß sie kaum wußte, womit sie anfangen sollte. Sie brauchte einen Aufhänger. Plötzlich kam ihr eine Idee. Sie schrieb:

Der neue Schüler im Reitstall von Pine Hollow ist zugleich der jüngste. Sein Name ist Samson. Er ist etwa einen Meter groß, hat kurzes, schwarzes Haar, spitze Ohren und winzige Hüfchen. Er ist Delilahs Fohlen.

Julia gefiel der Anfang. Sie hielt es für eine gute Idee, darauf hinzuweisen, daß in ihrer Reitschule nicht nur die Menschen etwas lernten, sondern auch die Pferde.

Sie wollte gerade beginnen, die ersten Ausbildungsstunden des Fohlens zu beschreiben, als ihre Mutter von unten heraufrief, daß sie am Telefon verlangt wurde. Julia war so in ihre Arbeit vertieft gewesen, daß sie das Läuten des Telefons nicht einmal gehört hatte. Sie nahm den Anruf an dem Apparat in ihrem Zimmer entgegen.

„O Julia, ich bin so froh, daß ich dich erreiche!" sagte Jenny. Julia erkannte sofort den leichten Anflug von Panik in ihrer Stimme, doch sie machte sich darüber keine Gedanken. Jenny klang oft etwas panisch.

„Was gibt's?" fragte sie und betrachtete stolz den Absatz, den sie gerade geschrieben hatte.

„Lauras Geld ist weg!" stieß Jenny hervor.

Da wußte Julia, daß Jennys Panik durchaus berechtigt war.

Jenny erzählte ihr, was passiert war. „Es war einfach nicht mehr da, als ich von der Koppel zurückkam. Hast du jemanden im Umkleideraum gesehen, als du nach Hause gegangen bist?"

Julia dachte einen Augenblick lang nach. „Die ganze Bude hat so nach Farbe gestunken, daß ich mich sehr beeilt habe", sagte sie. „Ich habe niemanden gesehen, aber das muß nicht unbedingt bedeuten, daß wirklich niemand da war."

„Natürlich war jemand da! Und weißt du, ich habe nachgedacht. Erinnerst du dich noch daran, wie Pollys Reitgerte verschwunden ist?“

Daran erinnerte sich Julia nur allzu gut. Polly hatte sich darüber so aufgeregt, daß sie während der gesamten Reitstunde geweint hatte. „Sie hat sich aufgeführt wie ein Baby!“ sagte Julia.

„Das stimmt, aber ihre Gerte ist nie wieder aufgetaucht. Und erinnerst du dich, wie Karen ihre Schlüssel nicht finden konnte?“

„Klar, aber wer würde schon einen Schlüsselbund stehlen?“

„Keine Ahnung, aber ich wette, es war derselbe, der auch meine Geldbörse genommen hat.“

„Du glaubst, jemand stiehlt Sachen aus unseren Schränken?“ fragte Julia fasziniert.

„Zumindest ist das Ganze sehr verdächtig“, erwiderte Jenny.

Verdächtig war genau das richtige Wort. Und wenn etwas Verdächtiges vor sich ging, hatten die Menschen ein Recht, davon zu erfahren. Julia riß ein Blatt Papier von ihrem Block und nahm ihren Kugelschreiber zur Hand.

Verdächtige Diebstähle in Pine Hollow! schrieb sie.

Während sie schrieb, saß Jenny in ihrer Küche, hielt sich den Telefonhörer ans Ohr und wartete darauf, daß Julia ihr anbieten würde, ihr genügend Geld zu leihen. Doch Julia schwieg.

„Also, wie sieht es aus?" fragte Jenny. „Kannst du mir helfen?"

„Darauf kannst du wetten!" antwortete Julia.

Auf diese Worte hatte Jenny nur gewartet. „Die ganzen fünfzehn Dollar?" fragte sie.

„Nein, nein. So habe ich es nicht gemeint. Ich bin selber pleite. Aber ich werde dir auf andere Art helfen."

„Du hörst dich genauso an wie Max", knurrte Jenny verärgert.

„Wie bitte?" erwiderte Julia verwirrt.

„Du denkst wahrscheinlich auch, es wäre meine eigene Schuld", sagte Jenny.

Julia antwortete nicht. Jenny fand, sie wirkte abgelenkt. Sie hatte gerade beschlossen, Julia gründlich die Meinung zu sagen, als ihre Mutter die Küche betrat, zusammen mit dem aufregendsten Mädchen, das Jenny je gesehen hatte.

„Jenny, das ist Moni", sagte Mrs. Lake. „Moni, das ist meine Tochter Jennifer."

„Julia, ich muß Schluß machen. Es ist Besuch gekommen", sagte Jenny und legte eilig den Hörer auf. Ihre Sorge um Lauras verschwundenes Geld war wie weggeblasen.

Sie wirbelte auf dem Küchendrehstuhl herum und starrte Moni an. Sie blinzelte verwirrt, um sicherzugehen, daß sie ihren Augen trauen konnte. Moni war etwa in ihrem Alter, aber sonst schienen sie auf den ersten Blick nicht viel gemeinsam zu haben, denn Moni trug die außergewöhnlichste Kleidung, die Jenny je gesehen hatte.

Das erste, was Jenny auffiel, war das übergroße Hawaiihemd über dem schwarzen Minirock. Dazu trug sie purpurrote Leggings mit gelben Flecken, darüber schwarze Legwarmers und schwarze Turnschuhe. An beiden Handgelenken baumelten jeweils mindestens zehn leuchtendbunte Plastikarmbänder in den Farben des Hemdes. Als Ohrringe trug sie gelbe Plastikringe. In ihrem Lidschatten wiederholten sich die Farben vom Hemd und den Armbändern. Das Verrückteste aber war ihr Haar. Es war blond gefärbt und auf der rechten Seite ganz kurz geschnitten, wurde dann um den Hinterkopf herum immer länger und reichte ihr auf der linken Seite bis ans Kinn. Auf dem Kopf trug Moni eine Baseballkappe aus demselben Stoff wie ihr Hawaiihemd.

Jenny fand Monis Aufzug großartig. „Ist schon wieder Fasching?“ fragte sie grinsend.

„Gefällt's dir?“ wollte Moni daraufhin wissen.

„So etwas habe ich noch nie gesehen“, gab Jenny zu. „Nicht einmal in New York, und da sind uns wirklich ein paar verrückte Typen begegnet!“

„Das ist meine eigene Kreation“, sagte Moni stolz.

Jenny rutschte von ihrem Stuhl herunter, ergriff einen von Monis Koffern und sagte: „Komm, ich zeige dir mein Zimmer. Wir werden es uns teilen. Ich hoffe, das macht dir nichts aus.“

„Natürlich nicht“, sagte Moni. Sie schnappte sich den anderen Koffer und folgte Jenny die Treppe hinauf.

Die Mädchen stellten die Koffer in einer Ecke des Zimmers ab.

„Das ist dein Bett", sagte Jenny und setzte sich auf ihr eigenes Bett. Moni ließ sich auf ihrem nieder. „Erlaubt deine Mutter, daß du dich so anziehst?" fragte Jenny neiderfüllt.

„Eigentlich nicht", sagte Moni und grinste fröhlich. „Das heißt, sie hätte mir diese Klamotten bestimmt nicht ausgesucht, aber ich bekomme reichlich Taschengeld und kaufe mir davon, was mir gefällt. Und genau das ist es, was mir gefällt."

„Stark", sagte Jenny. „Aber wie kriegst du das Make-up hin?"

Moni erbot sich, es ihr zu zeigen.

Nur zehn Minuten später war das Badezimmer geradezu übersät mit Schminkdöschen. Die Mädchen standen nebeneinander und streckten sich, um möglichst dicht an den Spiegel heranzukommen. Moni zeigte Jenny, wie sie die Farben mischen konnte, um einen besonders interessanten Effekt zu erzielen.

„Ich habe so ein komisches Gefühl", sagte Jenny und bewunderte den pink-blauen Schmetterling, den sie gerade über ihr rechtes Auge gemalt hatte.

„Wieso?" fragte Moni.

„Ich habe den Verdacht, daß unsere Mütter sich einbilden, wir müßten nur ein paar Wochen zusammensein, und ich würde einen guten Einfluß auf dich haben."

Moni bekam einen Lachanfall. „Die werden ihr blaues Wunder erleben", prustete sie.

„Ja, aber das ist nicht das Lustigste daran", sagte Jenny. „Das Lustigste ist, daß dies wahrscheinlich das erste Mal in meinem Leben ist, daß jemand glaubt, ich könnte einen guten Einfluß auf irgendwen haben! He, was hältst du von einem Silberschimmer auf dem unteren Flügel des Schmetterlings?"

„Ich finde Gold besser", sagte Moni. „Es paßt besser zu den goldenen Sternchen, die wir auf deine Wangen machen werden!"

Spät am Abend lag Jenny in ihrem Bett und betrachtete die Muster, die die Scheinwerfer der vorüberfahrenden Autos auf ihre Zimmerdecke warfen. Moni schlief bereits tief und fest. Doch Jenny konnte nicht schlafen. Sie hatte an diesem Tag so viel erlebt, daß sie noch über alles nachdenken mußte. Zuerst konnte sie nur an das Schöne denken: Das Spielen mit Samson und die Tatsache, daß sie Moni kennengelernt hatte. Doch dann fiel ihr ein: Moni war keine Reiterin. Sie hatte noch nie auf einem Pferd gesessen und war auch nicht besonders angetan von der Idee, reiten zu lernen. Doch Jenny war fest entschlossen, sie umzustimmen.

Und dann war da noch die Sache mit Lauras Geld. Sie konnte weder von Max noch von Julia etwas leihen. Es selbst zusammenzusparen, war ebenfalls unmöglich. Sie hatte so viel vor mit Samson und Moni, daß sie zur Zeit auf keinen Fall als Babysitter arbeiten konnte. Außerdem hatte sie in der Vergangenheit schon öfter versucht, Geld zu verdienen, und damit nie besonderen Erfolg gehabt. Aber stehlen konnte sie es schließlich auch nicht, so wie der Mistkerl, der es ihr gestohlen hatte. Es blieb ihr nur eine Möglichkeit. Sie mußte sich das Geld leihen. Aber von wem?

Von ihrer Mutter? Keine Chance. Sobald ihre Mutter hören würde, wie sie das Geld verloren hatte, würde sie ihr nichts geben. Sie würde genau dasselbe sagen wie Max. Und ihr Vater vermutlich auch. Vielleicht einer ihrer Brüder? Das wäre eine Möglichkeit. Sie wußte, daß ihr Zwillingsbruder Alex noch etwas von seinem Geburtstagsgeld übrig hatte. Vielleicht würde er es ihr leihen – aber er würde Zinsen verlangen. Unter Umständen konnte sie Michael, ihren jüngeren Bruder, dazu überreden, ihr das Geld zu leihen. Ihren älteren Bruder Tim brauchte sie gar nicht erst zu fragen. Schließlich nannte sie ihn nicht ohne Grund Geizhals! Sie beschloß, ihr Glück gleich am nächsten Morgen bei Alex und Michael zu versuchen.

Außerdem gab es noch etwas, was sie sich für den nächsten Morgen vorgenommen hatte. Sie mußte Moni bearbeiten, doch Reitstunden zu nehmen. Solange Moni nicht ritt, würden sie nicht so viel gemeinsam unternehmen können. Der Gedanke an Moni auf einem Pferd ließ Jenny lächeln. Hoffentlich waren Pferde farbenblind!

5

Manchmal war Jenny eine Nervensäge, dachte Julia. In diesem Augenblick zum Beispiel.

Es war der Tag nach dem Verschwinden von Jennys Geldbörse und dem Auftauchen von Moni. Ihre Reitstunde war gerade vorüber, und die Sattelclub-Mädchen wollten Samson seine nächste Trainingsstunde geben. Jenny war im Umkleideraum, in dem sich die anderen Reiterinnen gerade für den Heimweg umzogen. Jenny erzählte von dem Diebstahl, fragte alle, ob sie ihr Geld leihen würden, und bat sie, Laura nichts zu erzählen. Doch Julia war sich ziemlich sicher, daß ein Geheimnis, von dem fünfzehn Mädchen wußten, nicht lange geheim bleiben würde. Der Gipfel war jedoch, daß Jenny Moni überredet hatte, Laura vom Umkleideraum fernzuhalten.

„Laß sie nicht aus den Augen", hatte Jenny ihr eingeschärft. „Du mußt an ihr kleben wie eine Tätowierung."

Ein guter Vergleich, dachte Julia. Schließlich war Moni fast genauso bunt wie eine Tätowierung! Auf jeden Fall waren Moni und Laura außer Hörweite, und Jenny konnte anfangen zu betteln.

„Sie hat monatelang gespart, um das Geld für den Geburtstag ihres Vaters zusammenzubekommen!" erzählte Jenny Anna, einem der Mädchen. „Es wurde am hellen Tag gestohlen!"

„Ich kann dir leider nicht helfen", entgegnete Anna. „Ich spare auf eine neue Reitkappe."

„Was ist denn mit deiner alten Kappe?" fragte Jenny.

„Sie war eines Tages verschwunden. Aber sie war mir ohnehin zu klein. Doch bis ich mir eine neue kaufen kann, muß ich eine der stalleigenen Kappen aufsetzen, und ich trage lieber meine eigene."

Einfach verschwunden? Das kam Julia doch sehr mysteriös vor, und es paßte erstaunlich gut zu den anderen Beobachtungen, die sie in den letzten Tagen gemacht hatte.

„Mir scheint, in letzter Zeit verschwindet hier eine ganze Menge", stellte Veronica diAngelo fest. „Die Reithandschuhe, die ich für das Turnier bekommen habe, sind auch nie wieder aufgetaucht. Und sie waren *sehr* teuer. Jemand hat sie mir gestohlen."

Normalerweise hörte Julia nicht hin, wenn Veronica etwas von sich gab. Doch in diesem Fall war sie bereit, eine Ausnahme zu machen.

Jenny schaute Veronica aufmerksam an. Julia war klar, woran sie dachte. Veronica war die Tochter eines der reichsten Männer der Stadt. Aber abgesehen davon war sie auch unerträglich eingebildet, und die Sattelclub-Mädchen konnten sie nicht ausstehen. Doch in Jennys derzeitigem Zustand der Panik dachte sie nur daran, wie reich Veronica war. Julia war sicher, daß Jenny sie bitten würde, ihr die fünfzehn Dollar zu leihen. Sie war jedoch auch sicher, daß sie dabei unmöglich zusehen konnte, ohne einen Lachanfall zu bekommen, deshalb verließ sie fluchtartig den Umkleideraum. Jenny warf ihr einen bitterbösen Blick zu.

Julia durchquerte den Stall und ging zu Samsons Koppel. Moni stand außen am Koppelzaun und sah Laura schweigend zu.

„Ist er nicht süß?" fragte Julia.

„Ja", antwortete Moni. „Nettes Pony."

„Genaugenommen ist er kein Pony", erklärte Julia. „Ein Pony ist ein kleines Pferd, kein junges Pferd. Samson ist ein Fohlen, und wenn er erwachsen ist, wird er ein großes Pferd sein." Julia versuchte immer gern, anderen Leuten etwas von ihrem Pferdewissen zu vermitteln. Es kam ihr vor, als wäre es schon ewig lange her, daß sie selbst noch nichts von Pferden verstanden hatte und ihr ein ähnlicher Fehler unterlaufen wäre. Sie war stolz darauf, so viel gelernt zu haben. Es würde Spaß machen, einem Neuling all das beizubringen.

„Für mich sieht er aber aus wie ein Pony", beharrte Moni.

Julia beschloß, mit dem Unterricht noch etwas zu warten.

Laura hatte Delilah aufgehalftert. Sie drückte Julia die

Führleine in die Hand, und Julia band die Stute an dem auf der Außenseite des Zauns angebrachten Ring fest. Julia wußte, daß der Ring außen angebracht war, damit sich die Pferde nicht daran verletzen konnten, und sie hätte Moni gern auf diese Tatsache aufmerksam gemacht, aber Moni schien sich dafür nicht im mindesten zu interessieren. Also band Julia nur Delilah fest und kehrte dann zu Moni zurück.

Laura klopfte noch einmal Delilahs Hals, um Samson zu zeigen, daß sie Freunde waren. Dabei verbarg sie sein Halfter und seine Führleine hinter dem Rücken. Sie war sich bewußt, daß das Fohlen sie interessiert beobachtete. Wie schon beim vorigen Mal näherte sie sich ihm langsam und erwartete, daß er auch diesmal an der Seite seiner Mutter bleiben würde, wo sie ihm das Halfter anlegen konnte.

Doch es kam ganz anders. Als sie Delilahs Hinterhand umrundete, sauste er davon. Das war merkwürdig. Er schien keine Angst vor ihr zu haben, sondern hatte anscheinend nur Lust zu laufen. Laura hatte ihn bisher nur Seite an Seite mit seiner Mutter laufen sehen und war deshalb überrascht, daß er allein um die Koppel galoppierte. Sie blieb bewegungslos neben Delilah stehen. Samson kehrte zurück und versteckte sich auf der anderen Seite seiner Mutter.

Laura schaute um Delilahs Hinterhand herum. Samson tat dasselbe, doch als er Laura entdeckte, zog er sich schnell zurück. Laura mußte lächeln. Es fehlte nur noch, daß er bei jedem kurzen Augenkontakt laut „Kuckuck!" gerufen hätte. Sie ging in die Hocke, um Samson unter Delilahs Bauch hindurch anzusehen. Er senkte den Kopf und schaute zwischen den Beinen seiner Mutter hindurch. Doch sobald er sie erblickte, zog er sich zurück. Laura mußte lachen. Er spielte wirklich mit ihr. Das machte Spaß, aber es hatte nichts mit seiner Ausbildung zu tun.

Laura stand wieder auf und ging langsam um Delilah herum. Sie hielt einen Moment inne, doch dieser kurze Augenblick reichte Samson. Er schoß davon. Er umkreiste die Koppel und verschwand dann auf der anderen Seite seiner Mutter. Laura versuchte es erneut. Samson ebenfalls.

„Was ist bloß los mit dir?" fragte sie ihn. Statt einer Antwort lief er wieder vor ihr weg.

Es hatte nicht den Anschein, als hätte er Angst. Es kam Laura eher so vor, als spielte er Fangen mit ihr.

Als Samson wieder einmal die Koppel umkreiste, beschloß Laura, ihm klarzumachen, daß sie nicht länger mitspielen würde. Sie verließ Delilah und ging hinüber zu Julia und Moni.

„Was ist bloß los mit ihm?" fragte sie.

„Ich überlege gerade, ob man ihm das Apportieren beibringen könnte", sagte Moni. „Mein Hund hat es ganz schnell gelernt. Ich glaube, es liegt vielen Tieren einfach im Blut."

Laura überhörte den Vorschlag. Schließlich ging es ihr nicht darum, Samson Spiele beizubringen, sondern ihn halfterführig zu machen.

„War er gestern auch schon so?“ fragte sie Julia.

„Ja, allerdings“, sagte Julia. „Jenny hat viel Spaß mit ihm gehabt.“

„Hat sie ihm das Halfter auflegen können?“ wollte Laura wissen.

„Ich weiß es nicht“, antwortete Julia. „Aber ich konnte gestern nicht lange bleiben. Auf jeden Fall hat Jenny viel Zeit mit ihm verbracht, also hat sie es bestimmt geschafft.“ Julia schaute auf ihre Uhr. „O je, ich muß los. Bis bald.“

Laura fiel auf, daß Julia sich anders verhielt als sonst und daß sie in letzter Zeit ständig etwas vorzuhaben schien. Normalerweise hätte sie das sehr neugierig gemacht. Im Moment aber interessierte sie viel mehr, was mit Samson los war.

„Ja, bis bald“, sagte sie und richtete ihre Aufmerksamkeit wieder auf Samson. „Komm her, Kleiner. Es wird Zeit, daß du ein paar Umgangsformen lernst.“

Wenn Samson glaubte, vor einem sich nähernden Menschen weglaufen zu müssen, brauchte sie ihm nur beizubringen, zu einem stillstehenden Menschen zu kommen. Er mußte lernen, auf Ruf zu kommen.

Laura stellte sich neben Delilah und pfiff. Samson spitzte die Ohren und betrachtete sie interessiert. Sie pfiff noch einige Male, bis Samson schließlich näher kam. Als er auf

Armeslänge herangekommen war, streckte sie die Hand aus, um ihn lobend zu klopfen. Genau auf dieses Zeichen hatte er gewartet. Er schoß los und spielte wieder einmal Fangen mit ihr.

Moni lachte. Laura nicht.

„Das ist ja urkomisch“, stellte Moni fest.

„Kann ich nicht finden“, knurrte Laura. Sie versuchte es wieder, immer mit demselben Ergebnis, bis Samson endlich begriff, daß Laura nicht mitspielte. Erst dann blieb er lange genug stehen, daß sie ihn streicheln konnte, aber nie lange genug, um ihm das Halfter anzulegen.

„Es kommt mir vor, als hätten wir noch nie geübt“, stellte sie schließlich völlig verzweifelt fest. „Er scheint alles vergessen zu haben, was er vor nur zwei Tagen gelernt hat. Ich wette, er hat die arme Jenny gestern fast zum Wahnsinn getrieben. Hat sie dir irgend etwas davon erzählt?“

„Nein, gar nichts“, sagte Moni. „Sie sagte nur, sie hätte viel Spaß gehabt.“

„Also, das hier ist kein Spaß. So darf er sich nicht benehmen.“

Laura hielt Samson das Halfter hin, damit er es untersuchen konnte. Er betrachtete es zögernd, aber doch voller Neugierde. Laura stand bewegungslos, um das temperamentvolle Fohlen nicht zu erschrecken. Samson näherte sich ihrer ausgestreckten Hand.

„Was für eine blöde Kuh!“ stieß Jenny hervor, die gerade

aus dem Stall gerannt kam. „Diese Veronica ist einfach unmöglich. Unmöglich! Sie würde mir nicht einmal sagen, wie spät es ist, geschweige denn, mir Geld leihen. Ich muß verrückt gewesen sein, sie überhaupt zu fragen!"

Samson suchte das Weite.

Laura seufzte. Heute klappte aber auch gar nichts. Gerade, als es schien, als würde sie einen winzigen Fortschritt machen, wurde sie gestört. Ihr war jedoch klar, daß es sinnlos war, Jenny Vorhaltungen zu machen. Sie war eben so.

„Worum geht es?" fragte Laura resigniert.

„Ich habe Veronica nur eine einfache Frage gestellt..."

„Bei Veronica ist nichts einfach", erinnerte Laura sie. „Also, was hast du sie gefragt?"

„Ich brauche etwas Geld", sagte Jenny. „Und ich habe gedacht, sie könnte mir etwas leihen. Du hast nicht zufällig ein paar Dollar für mich?"

„Du weißt doch, daß ich für ein Geburtstagsgeschenk für meinen Vater spare."

Laura hätte schwören können, daß Jenny rot geworden war. „Ach ja, stimmt", sagte Jenny. „Aber so wichtig ist es nicht, also vergiß, daß ich dich gefragt habe, okay?"

Jenny packte Monis Arm und zog sie in Richtung Stall.

Laura ließ die Ereignisse des Tages noch einmal vor ihrem inneren Auge vorüberziehen und stellte dabei fest, daß sich alle miteinander ausgesprochen merkwürdig verhalten hatten. Julia verschwand ständig; und wenn Jenny verzweifelt genug war, Veronica anzupumpen, dann war sie wirklich in Schwierigkeiten; Samson tat nichts von dem, was sie ihm zwei Tage zuvor so mühsam beigebracht hatte.

Es war an der Zeit, die Arbeit mit Samson zu beenden. Laura kletterte über den Zaun, nahm Delilah das Halfter ab und brachte die Halfter und Führleinen zurück in die Sattelkammer.

An manchen Tagen klappte wirklich überhaupt nichts.

6

Auf Julias Gesicht lag ein zufriedenes Lächeln. Sie schlug die neueste Ausgabe des *Willow Creek Tageblatts* auf und las die Worte „Hufschlag – von Julia Atwood".

Es war, als wäre ein Traum Wirklichkeit geworden. Der Artikel war schließlich knapp 600 Wörter lang geworden, und Mr. Teller schien ganz zufrieden damit. Der größte Teil des Artikels bestand aus einer Liste der Reitkurse, die Max für Anfänger anbot. Mr. Teller hatte ihr geraten, sie einzufügen, obwohl es sich dabei nicht um wirkliche Neuigkeiten handelte. Der zweite Teil des Artikels aber behandelte ein Thema, das alle interessieren mußte.

Doch es gibt in dieser Woche eine schlechte Nachricht aus Pine Hollow: Während Jenny Lake im Stall arbeitete, wurde ihre Geldbörse aus ihrem Schrank im Umkleideraum gestohlen. In der Börse befanden sich mehr als fünfzehn Dollar. Zum Zeitpunkt des Diebstahls war anscheinend niemand von den anderen jungen Reitern auf dem Gelände, doch viele von ihnen wußten, daß Jenny zu dieser Zeit im Stall sein würde und daß sie Geld bei sich hatte. Jenny bewahrte das Geld für ihre Freundin Laura Hanson auf, die es sich mühsam zusammengespart hatte, um ihrem Vater ein Geburtstagsgeschenk zu kaufen. Die Reporterin hofft nun, daß, wer immer das Geld genommen hat, jetzt den Mut hat, es zurückzugeben. In diesem Fall wird niemand ein weiteres Wort darüber verlieren.

Julia seufzte zufrieden. Sie war froh, daß sie ihren Lesern eine wichtige Neuigkeit mitzuteilen hatte und daß es ihr auch noch auf diese Art und Weise gelungen war. Sie hatte erzählt, was passiert war, aber was noch wichtiger war, sie gab außerdem noch jemandem die Gelegenheit, ein Unrecht wiedergutzumachen. Wahrscheinlich hatte der Dieb bisher gedacht, er würde ungestraft davonkommen. Es war aber auch denkbar, daß er bereits ein schlechtes Gewissen hatte und sich nach dem Lesen ihres Artikels dazu entschloß, das Geld zurückzugeben.

Julia faltete ihre Zeitung sorgfältig zusammen und steckte sie in ihre Sporttasche, um sie mit in den Stall zu nehmen. Die meisten Bewohner des Ortes lasen zwar das *Tageblatt* und hatten seine neueste Kolumne vermutlich schon entdeckt, aber Julia wollte sichergehen und nahm ihr Exemplar lieber mit.

Julia hatte den Eindruck, als hätte sie die Viertelstunde Fußmarsch zum Reitstall noch nie schneller hinter sich gebracht als an diesem Tag. Unterwegs dachte sie nur daran, wie gut es Jenny gefallen würde, was sie getan hatte – wie sie dem Dieb nahegelegt hatte, das Geld zurückzugeben. Außerdem dachte sie daran, wie froh Laura sein würde, daß die ganze Geschichte jetzt allgemein bekannt war und sie somit eine echte Chance hatte, ihr Geld wiederzubekommen. Vor allem aber dachte sie daran, wie neidisch alle sein würden. Sie, Julia Atwood, hatte ihre eigene Kolumne im *Tageblatt*.

Sie schwebte immer noch auf Wolken, als sie den Umkleideraum betrat. All ihre Mitreiterinnen waren schon da. Sie standen in kleinen Grüppchen beisammen und unterhielten sich. In einer Ecke zeigte Polly Giacomin ein paar Freundinnen gerade ihre neuen Sandalen, und in einer anderen Ecke diskutierte Betsy Cavanaugh hitzig mit zwei anderen Mädchen. Anna McWhirter unterhielt sich mit Linda Olson. Julia war begeistert. Die Mädchen sprachen sicher alle nur von ihr.

Die erste, die Julia entdeckte, war Jenny. Sie hatte mit Moni in der Nähe der Tür gestanden und sich angeregt mit ihr unterhalten.

„Hast du das gesehen?" fragte Julia stolz und zog die Zeitung aus der Tasche.

Sie erwartete einen Schrei der Begeisterung von Jenny. Jenny schrie auch, aber keineswegs vor Begeisterung.

„Wie konntest du mir das antun?" schrie sie.

„Was meinst du damit?"

„Darüber zu schreiben, daß ich Lauras Geld verloren habe – sie hat eine Stinkwut auf mich! Ich hatte mir schon sechs Dollar geliehen, um sie ihr zu geben, und ich hätte den Rest auch noch zusammenbekommen, aber du hast es versaut! Wahrscheinlich wird sie nie wieder mit mir reden!"

Julia war wirklich überrascht, daß Jenny Laura noch nichts von dem Verlust ihres Geldes erzählt hatte. Schließlich war Laura ihre beste Freundin. Woher hätte sie wissen sollen, daß Jenny so etwas vor Laura geheimhalten würde?

„Aber du hättest es ihr doch irgendwann sagen müssen", beharrte Julia. „Ich habe dir einfach nur den Ärger erspart."

„Vielleicht hätte ich es ihr wirklich irgendwann sagen müssen", gab Jenny zu, „aber das wäre meine Aufgabe gewesen und nicht deine." Sie drehte sich abrupt um und setzte sich auf die Bank neben ihrem Schrankfach.

Das war wieder einmal typisch für Jenny. Sie hätte es Laura wirklich sagen sollen, und nun war sie wütend, weil sie etwas getan hatte, was Jenny schon längst hätte tun sollen! Aber es paßte zu Jenny, so die Beherrschung zu verlieren, daß sie nicht mehr wußte, was sie sagte. Sie würde sich schon wieder beruhigen. Bis dahin aber hatte sie nicht die Absicht, sich die Freude über ihren ersten Artikel von Jennys Launen verderben zu lassen.

Sie ließ Jenny links liegen und setzte sich auf die Bank neben Anna. „Hast du das gesehen?" fragte sie und hielt ihr *Tageblatt* hoch.

„Allerdings“, antwortete Anna eisig. Julia vermutete, daß sie nur neidisch war. Doch darüber würde sie hinwegkommen, und schließlich würde aus dem Neid Bewunderung werden.

„Was meinst du, ob der Artikel den Dieb veranlaßt, das Geld zurückzugeben?“ fragte sie.

„Woher soll ich das wissen? Ich war es nicht, das laß dir gesagt sein!“ fauchte Anna. Sie stieß ihren Fuß mit einem Ruck in den Reitstiefel, stand auf und ging weg.

Julia war verblüfft. Mit einer solchen Reaktion hatte sie nicht im Traum gerechnet. Doch dann fiel ihr ein, daß auch Annas Reitkappe gestohlen worden war. Also war sie wirklich neidisch. Es ärgerte sie, daß sie nur den Diebstahl der Geldbörse erwähnt hatte, nicht aber den von Annas Kappe. Doch darüber konnte sie im nächsten Artikel berichten, aber bis der erschien, würde es noch eine ganze Woche dauern.

Julia begann, sich für ihre Reitstunde umzuziehen, doch in Gedanken war sie bei ihrem nächsten Artikel. Sie merkte kaum, daß Veronica diAngelo hereinkam und neben ihr stehenblieb.

„Ich vermute, du hast einen Durchsuchungsbefehl mitgebracht“, sagte Veronica. „Du kannst meinen Schrank nach Jennys Geldbörse durchsuchen, solange du willst. Du wirst sie dort nicht finden.“

Veronica drehte sich um und verschwand so schnell, daß Julia keine Zeit blieb, ihr zu antworten – ganz abgesehen davon, daß ihr auch so schnell nichts Passendes eingefallen wäre. Julia war überrascht von Veronicas Reaktion. Veronica war stets davon überzeugt, alles besser zu können als andere Leute. Sie war die letzte, von der Julia Eifersucht erwartet hätte. Es tat Julia jedoch gut, zu spüren, daß Veronica so offensichtlich neidisch war. Vielleicht war sie auch, ebenso wie Anna, ein wenig neidisch auf Laura, denn Veronicas gestohlene Reithandschuhe hatte sie in ihrem Artikel ebenfalls mit keinem Wort erwähnt.

Julia zog ihre Stiefel an, holte sich das Sattelzeug für Pepper, das Pferd, das sie gewöhnlich ritt, und wollte den Umkleideraum gerade verlassen, als ihr eine dicht gedrängt in einer Ecke stehende Gruppe von Mädchen auffiel. Betsy Cavanaugh stand in der Mitte, und ihr Gesicht war rot und tränenüberströmt. Julia mochte Betsy gern. Es tat ihr leid, sie so aufgeregt zu sehen.

„Was ist denn mit Betsy los?" fragte sie und ging zu den Mädchen hinüber.

„Das geht dich gar nichts an", fauchte Karen Durham sie an.

„Doch, das geht sie sehr wohl etwas an", sagte Betsy. „Hör mal", sagte sie zu Julia, „nur weil ich zufällig hier war, als Laura Jenny das Geld gab, heißt das nicht, daß ich es genommen habe."

„Aber das habe ich doch auch nie behauptet", entgegnete Julia entgeistert.

„Aber du hast gesagt, daß es eine von uns gewesen sein

muß, und es waren zu diesem Zeitpunkt nur noch wenige von uns da. Mich haben schon zwei Leute danach gefragt, aber ich sage dir, ich war es nicht! Wenn du herausfinden willst, wer es war, dann erkundige dich doch mal, wer sich gerade neue Sandalen gekauft hat!"

Betsy starrte Julia wütend an, während ihr die Tränen über die Wangen liefen. Es tat Julia wirklich leid, Betsy so aufgebracht zu sehen. Sie bezweifelte, daß Betsy etwas mit den Diebstählen zu tun hatte, denn sie war wirklich nett. Manchmal tut die Wahrheit eben weh, entschied sie. Und manchmal verletzt sie auch unschuldige Leute wie Betsy.

Betsy wischte sich mit dem Handrücken die Tränen aus dem Gesicht. Julia hatte immer ein Päckchen Taschentücher dabei; dafür sorgte ihre Mutter. Sie zog das kleine Päckchen aus der Tasche und hielt es Betsy hin.

„Nein, danke", schniefte Betsy. „Ich habe für heute genug von dir." Sie schluchzte noch einmal und wandte sich dann ab. Julia schüttelte den Kopf und machte sich dann auf den Weg zu Pepper, denn es war an der Zeit, ihn zu satteln.

Pepper war anscheinend der einzige, der nicht neidisch auf sie war oder sie beschimpfte.

„Ach, hier bist du", stellte Laura überrascht fest.

Julia schaute erschrocken auf; sie hatte Laura nicht kommen hören. „Natürlich bin ich hier – wo sollte ich wohl sonst sein, zehn Minuten vor Beginn der Reitstunde?" fragte sie. Es kam ihr vor, als spielten heute all ihre

Freundinnen verrückt. Außerdem befürchtete sie, daß auch Laura zu ihnen gehören würde.

„Ich dachte, du würdest dich verstecken", sagte Laura. „Aber du hast wirklich Mut."

Julia hatte ihr Pferd aufgezäumt und begann mit dem Satteln. „Ich habe gehört, du sprichst nicht mehr mit Jenny. Warum? Weil sie dein Geld verloren hat?"

„Nein. Weil sie es mir nicht erzählt hat."

„Ich habe ihr gesagt, sie sollte es tun", verteidigte sich Julia.

„Ja, du hast jedem gesagt, daß sie es tun sollte", sagte Laura.

Jetzt war sich Julia sicher, daß dies wieder eine dieser merkwürdigen Unterhaltungen werden würde. „Was meinst du damit?" fragte sie leicht gereizt.

„Ich meine damit, daß du der ganzen Welt von einer Sache erzählt hast, die nur uns beide etwas angeht. Ich habe Jenny um einen Gefallen gebeten, und sie hat versucht, ihn mir zu erweisen, aber sie hat einen Fehler gemacht. Und nun weiß die ganze Welt davon."

„Aber es war doch etwas, das alle angeht!" beharrte Julia.

„Nein, es geht keineswegs alle an!"

„Ein Diebstahl ist etwas, das alle angeht!" fauchte Julia. „Schließlich ist es passiert. Ich habe nur Tatsachen berichtet."

„Aber du hast es so dargestellt, als ob eines der Mädchen Jennys Geldbörse mit meinem Geld gestohlen hätte. Und das ist keine Tatsache, sondern eine wilde Beschuldigung!"

Julia wurde langsam wütend. Ganz offensichtlich hatte Laura von ernsthaftem Journalismus keine Ahnung. Es war ihre Aufgabe, Tatsachen zu berichten, und solange sie sich an die Tatsachen hielt, war es nicht ihr Problem, wie andere Leute sie auslegten.

„Ich habe nie behauptet, daß eines der Mädchen die Geldbörse gestohlen hätte", verteidigte sie sich. „Ich sagte nur, daß sie da waren, als du Jenny das Geld gabst. Ich persönlich habe keine Ahnung, wer das Geld genommen haben könnte, aber eines sage ich dir – wenn mein Artikel den Dieb dazu veranlaßt, das Geld zurückzugeben, wirst du mir dankbar sein und alle anderen auch."

Laura schüttelte den Kopf. „Ja, wahrscheinlich", sagte sie. „Aber das ist ein hoher Preis für lausige fünfzehn Dollar." Dann verschwand sie, um ihr Pferd zu satteln.

Julia wandte ihre Aufmerksamkeit wieder Pepper zu. Sie legte den Sattel sanft auf seinen Rücken, angelte nach dem Gurt und schnallte ihn ins erste Loch.

„Sie wollen es einfach nicht verstehen", sagte sie zu Pepper. „Ein Reporter hält sich an Tatsachen. Und ich habe nur *Tatsachen* wiedergegeben. Bestimmt ist Laura nur sauer, weil sie jetzt kein Geld mehr hat, um ihrem Vater ein Geschenk zu kaufen."

Julia wollte den Sattelgurt nachziehen und bemerkte

dabei, daß einige Schnüre des Gurts gerissen waren. Dies war einfach nicht ihr Tag. Jetzt mußte sie zu Mrs. Reg gehen und sich einen neuen Gurt geben lassen, und sie würde mit Sicherheit zu spät zum Unterricht kommen.

In der Stallgasse traf Julia auf ihre Mitreiterinnen, von denen einige ihre Pferde schon zum Reitplatz führten. Julia schlängelte sich durch und stellte dabei fest, daß niemand mit ihr sprach. Das hatte sie sich ganz anders vorgestellt! Sie hatte gehofft, daß sich alle mit ihr freuen und stolz auf sie sein würden. Sie hatte Glückwünsche und Umarmungen erwartet, doch die Mädchen zeigten ihr die kalte Schulter. Sie war froh, in Mrs. Regs Büro verschwinden zu können.

„Ich brauche einen neuen Gurt", sagte sie. „Der von Pepper ist angerissen."

Mrs. Reg untersuchte den Sattelgurt sorgfältig. „Ich will nur sichergehen, daß ihn niemand angeschnitten hat", erklärte sie.

„Wer sollte so etwas tun?" wunderte sich Julia.

„Wer weiß, aber in einer Diebeshöhle wie dieser ist doch alles möglich..." Mrs. Reg ließ ihren Satz unvollendet und reichte Julia einen neuen Sattelgurt.

Julia dankte Mrs. Reg und kehrte zu Peppers Box zurück. Während sie den neuen Gurt einschnallte, hörte sie, wie draußen auf dem Reitplatz der Unterricht begann.

Julia seufzte. Selbst Mrs. Reg war unzufrieden mit ihr. Das bedeutete, daß nicht einmal sie etwas von der Verantwortung verstand, die ein Journalist zu tragen hatte. Sie hatte von Reportern gelesen, die ins Gefängnis gegangen waren, um für ihre Rechte als Journalisten einzustehen. Das war zwar nicht genau dasselbe, aber es schien Julia, als würde sie genauso leiden wie diese berühmten Leute. Sie war jedoch fest entschlossen, für den Schutz der Pressefreiheit jeden Preis zu zahlen.

Sie hatte den neuen Gurt an der rechten Seite des Sattels festgeschnallt und wollte gerade die linke in Angriff nehmen, als sie von draußen ihren Namen hörte.

„Wo ist Julia?" fragte Max seine Schülerinnen.

Irgend jemand antwortete: „Ich weiß es nicht, und es ist mir auch egal."

Die Worte trafen Julia wie eine Ohrfeige. Aber sie bewiesen ihr, daß sie recht hatte. Sie verstanden einfach nicht. Aber sie würden es noch verstehen. Wie schwer es auch werden mochte, Julia mußte ihre Arbeit fortsetzen. Sie mußte den Dieb merken lassen, daß sie nicht aufgeben würde, bevor er die Geldbörse wieder zurückgegeben hatte. Julia beschloß, den Reitunterricht ausfallen zu lassen. Sie kam ohnehin zu spät, und außerdem gab es Neuigkeiten, die die Welt erfahren mußte. Eilig sattelte sie Pepper wieder ab, räumte das Sattelzeug weg, zog ihre Straßenschuhe an und machte sich auf den Heimweg.

Auf dem ganzen Weg schrieb sie in Gedanken an ihrem nächsten Artikel. Ihre Freundinnen würden schon sehen. Sie würde dafür sorgen.

7

„Was für alberne Klamotten!" stieß Moni hervor, nachdem sie sich in dem fleckigen Spiegel im Umkleideraum der Reitschule betrachtet hatte.

Jenny mußte lachen. Moni war zum Reiten angezogen. Sie trug eine alte Reithose von ihr, Stiefeletten und eine schlichte blaue Bluse. Auf Jenny wirkte dieser Aufzug völlig normal, vor allem, wenn man bedachte, was Moni bei ihrer Ankunft im Stall getragen hatte!

„Du findest diese Klamotten albern?" fragte Laura.

Moni trat einen Schritt zurück, um sich ganz im Spiegel betrachten zu können. „Allerdings", sagte sie schließlich. „Sie sind wirklich albern, aber das stört mich nicht. Schließlich seid ihr genauso albern gekleidet, also werde ich nicht auffallen."

Laura hätte Monis Worte beinahe ernst genommen, entdeckte dann aber das Funkeln in ihren Augen. Der Gedanke, daß es Moni unangenehm sein könnte, aufzufallen, war aber auch zu abwegig. Die drei Mädchen brachen wie auf Kommando in Gelächter aus.

So jemanden wie Moni hatte Laura noch nie kennengelernt, und sie mochte sie sehr gern. Sie war froh, daß Moni bei Jenny zu Besuch war, und es freute sie besonders, daß es Jenny schließlich doch gelungen war, Moni zu einem ersten Reitversuch zu überreden.

„Es wird dir Spaß machen“, versicherte Laura Moni und drückte ihr das Sattelzeug in die Hand, das sie für Patch brauchen würde. Die Mädchen hatten von Max die Erlaubnis bekommen, mit Moni einen kurzen Ausritt zu machen. Sie hatten allerdings strikte Anweisung, nur Schritt zu reiten und nicht anzugeben.

Laura hätte diese Ermahnung nicht gebraucht, denn sie wußte, daß ein Anfänger auf einem Pferd wie Patch relativ sicher aufgehoben war. Doch selbst das ruhigste Pferd konnte gefährlich munter werden, wenn die anderen Reiter mit ihren Pferden eine wilde Schau abzogen.

„Mein Pferd ist doch nicht allzu groß?“ fragte Moni und betrachtete beklommen Patchs Sattel.

„Ach, er hat eine gute Größe“, antwortete Laura ausweichend. „Aber mach dir keine Sorgen, wir sind ja bei dir. Wir passen schon auf dich auf.“

„Reiten ist toll – du wirst es schon sehen“, sagte Jenny. „Es ist unser liebstes Hobby. Es wird dir auch Spaß machen.“

Jenny hatte in Worte gefaßt, was auch Laura empfand. Soweit es sie betraf, war Reiten das Größte. Sobald Moni auf Patch saß, würde sie sofort merken, wie wundervoll es war.

Es gab nur eine Sache, die fast genauso viel Spaß machte wie das Reiten selbst, und das war, die Freude zu teilen. Deshalb war es schade, daß Julia nicht dabei war.

Laura und Jenny hatten darüber gesprochen. Sie waren zwar immer noch etwas verärgert wegen Julias Artikel über Jennys Geldbörse und Lauras Geld, doch sie fanden, daß Julia am Freitag genug auszustehen gehabt hatte, und wollten wieder Frieden schließen. Julia hatte Laura am Telefon gesagt, sie hätte zu viel zu tun, um am Montag mitzureiten, würde aber auf jeden Fall zu ihrer Unterrichtsstunde am Dienstag kommen. Es sah Julia gar nicht ähnlich, freiwillig auf einen Ausritt zu verzichten. Laura wollte gerade versuchen, sie zu überreden, doch da sagte Julia, sie hätte etwas vor, und legte auf, bevor Laura noch etwas sagen konnte.

Laura wußte nicht, was sie mehr enttäuschte – daß Julia ihr nicht einmal zuhören wollte oder daß sie bei ihrem Ausritt nicht dabei war. Auf jeden Fall aber litt sie darunter, daß ihre Freundschaft zu Julia so abgekühlt war. Bisher war der Sattelclub unzertrennlich gewesen. Es bedrückte sie, daß jetzt etwas zwischen ihnen stand.

Laura hatte Barq gesattelt, führte ihn ins Freie, band ihn fest und half dann Jenny, Patch für Moni zu satteln.

Einige Minuten später saß Moni im Sattel. Sie sah noch angespannter aus als bei ihrer Ankunft im Stall.

„Das Hufeisen“, sagte Jenny. „Wir müssen es ihr zeigen. Dann fühlt sie sich besser.“

Laura stimmte ihr zu. Moni hielt sich so krampfhaft am Sattel fest, daß ihre Knöchel vor Anstrengung weiß waren, und Laura führte Patch zu dem Glücksbringer-Hufeisen des Stalls.

„Berühre es mit der rechten Hand“, sagte Laura. „Das ist hier Tradition. Alle tun es zu Beginn jedes Ritts. Auf Pine Hollow hat sich noch nie jemand ernsthaft verletzt.“

„Einer ist immer der erste“, sagte Moni düster und streckte zaghaft die Hand nach dem abgenutzten Talisman aus.

„Aber nicht heute“, stellte Laura energisch fest und lächelte Moni aufmunternd zu.

„Mach dich bloß nicht lustig über mich“, erwiderte Moni und griff mit der freien Hand hastig wieder nach dem Sattel.

„Das tue ich doch gar nicht“, versicherte Laura. „Jenny und ich haben schließlich auch einmal angefangen. Und wir hatten auch Angst.“ Sie gab Moni die Zügel in die Hand. Moni packte sie so kurz, daß Patch ihre Einwirkung als eine Hilfe zum Rückwärtsgehen auffaßte. Er gehorchte brav, was Moni noch größere Angst einjagte.

Laura sah, was passiert war, und brachte Moni dazu, die Zügel etwas länger zu lassen. Dabei wurde ihr klar, daß Moni wirklich überhaupt keine Ahnung vom Reiten hatte. Normalerweise wußten die meisten Anfänger zumindest, wie sie die Zügel halten, im Gleichgewicht bleiben und ihr Pferd antreiben und anhalten mußten. Bei Moni war das anders. Sie schien sich auf einem Pferd ebenso unwohl zu fühlen, dachte Laura, wie sie selbst sich fühlen würde, wenn sie in einer Großstadt leben müßte.

„Ich glaube, Patch ist bereit, loszugehen", sagte Moni, „also laßt uns aufbrechen, bevor er es sich anders überlegt."

Laura mußte lachen, aber sie lachte nicht über Moni. Sie hatte das Gefühl, daß Moni in Wirklichkeit meinte, sie sollten losreiten, bevor sie selbst es sich anders überlegte. Wenn man sah, wie unwohl sich Moni fühlte, konnte man sie eigentlich nur bewundern. Sie hatte ganz offensichtlich große Angst, aber sie war trotzdem bereit, weiterzumachen, nur weil sie versprochen hatte, es zu versuchen. Das erforderte einen ganz besonderen Mut, fand Laura.

„Ja, laßt uns starten", sagte sie. Sie schwang sich auf Barq und berührte das Glücksbringer-Hufeisen. Jenny, die bereits aufgesessen war und das Hufeisen berührt hatte, übernahm die Führung. Laura war das Schlußlicht. Auf Ausritten wurde die Reihenfolge der Reiter immer nach demselben System bestimmt. An der Spitze ritt jemand mit viel Erfahrung. Die Anfänger kamen immer in die Mitte, und hinten befand sich wieder ein erfahrener Reiter, der die Neulinge im Auge behielt. Laura übernahm diese Rolle gern, und sie hatte schon mehrmals Anfängern helfen können, die in Schwierigkeiten geraten waren. Laura war sicher, daß Monis gesunder Menschenverstand ihre Angst überwiegen und es deshalb keine Probleme geben würde.

Jeder, der so viel Angst hatte wie Moni, würde alles tun, um sich keiner unnötigen Gefahr auszusetzen!

Die Pferde schritten über eine der Wiesen hinter dem Reitstall auf den Wald zu. Alle drei kannten die Wege in- und auswendig. Sie schritten ruhig dahin. Das gleichmäßige Tempo schien Moni etwas Mut zu machen. Laura behielt sie im Auge, doch mit ihren Gedanken war sie ganz woanders. Sie dachte wieder einmal an Julia und kam zu dem Schluß, daß sie nichts tun konnte, bevor Julia nicht bereit war, ihr zuzuhören. Dann dachte sie an ihre fünfzehn Dollar und an den Geburtstag ihres Vaters. Das war wirklich ein Problem. Jenny hatte ihr immer wieder versichert, daß sie das Geld ersetzen würde. Jenny war überzeugt davon, daß der Verlust des Geldes ihre Schuld war, und war entschlossen, alles wieder in Ordnung zu bringen.

Laura war sich in dieser Hinsicht nicht so sicher. Sie war nicht überzeugt davon, daß es Jennys Schuld war, und sie war auch nicht überzeugt davon, daß Jenny es schaffen würde, bis zum Geburtstag ihres Vaters genügend Geld aufzutreiben. Das war beunruhigend, doch ihr fiel keine Lösung ein.

Es war ein wundervoller Tag, allerdings sehr heiß. Das Gras auf den Wiesen stand hoch und duftete süß, und hier und dort blühten bunte Wildblumen. Barq streckte seinen Hals nach einem leckeren Kleebüschel aus, doch Laura verkürzte rechtzeitig die Zügel, um zu verhindern, daß er auch nur den kleinsten Happen erwischte. Es war unvernünftig, ein Pferd während des Reitens fressen zu lassen. Sie klopfte seinen Hals als kleine Entschädigung für den Leckerbissen, der ihm entgangen war. Vor ihnen schwang Patch seinen Schweif hin und her, um die Fliegen zu vertreiben. Laura lächelte zufrieden. In diesem Augenblick gab es keinen Ort auf der Welt, an dem sie lieber gewesen wäre als auf dem Rücken ihres Pferdes, im Sonnenschein und in einer wunderschönen Gegend.

Moni hielt sich recht gut. Genaugenommen sogar besser als nur recht gut. Laura stellte fest, daß ihre Arme und Beine nicht mehr so verkrampft waren wie zu Beginn des Ausritts. Sie hielt die Zügel in einer Hand und fuchtelte mit dem anderen Arm in der Luft herum, während sie sich mit Jenny unterhielt. Sie sprachen über Frisuren, und wenn man Monis eigene Frisur betrachtete, fand Laura es nicht weiter verwunderlich, daß Moni wild mit dem Arm fuchteln mußte, um andere Frisuren zu beschreiben.

„Was muß man tun, damit die Stacheln hochstehen?" fragte Jenny.

Moni belehrte sie gerade ausgiebig über Punk-Frisuren und erklärte Jenny bereitwillig den Unterschied zwischen Haarspray und Gel. Die Unterhaltung machte ihr Freude, was automatisch dazu führte, daß sie sich auf Patchs Rükken entspannte. Laura war ziemlich sicher, daß Jenny nicht im Traum daran dachte, ihr Haar in bunte, aufrechtstehende Stacheln zu verwandeln. Aber Jenny war nicht dumm; sie ließ Moni reden, weil sie sich dabei am leichtesten entspannen würde.

Während sie sich weiter über Frisuren und Make-up unterhielten, führte Jenny die kleine Gruppe durch den Wald bis ans Ufer eines Baches, der von einem Hügel herunterfloß. An heißen Tagen genossen es die Pferde, im Wasser zu planschen, und auch den Reitern machte es viel Spaß.

„Kommt, wir machen eine kleine Pause", schlug Laura vor. „Da vorn ist unser Felsen."

„Gute Idee", stimmte Jenny ihr zu. „Das wird dir gefallen, Moni!"

Am Ufer des Bachs lag ein großer Felsen, auf den sie sich setzen und ihre Füße ins Wasser halten konnten, um sich vor dem Heimritt etwas abzukühlen.

„Bei uns in der Stadt gibt es zwar vieles", sagte Moni, „aber so etwas hier haben wir mit Sicherheit nicht!"

„Gefällt es dir?" wollte Jenny wissen.

Moni erschlug eine Mücke und wischte eine Ameise von ihrem Arm. „Ich will es mal so ausdrücken: Es ist mal etwas anderes."

Jenny und Laura lachten, und Moni stimmte in ihr Gelächter ein.

„Das kannst du laut sagen!" stellte Jenny fest und dachte dabei an den Ausflug nach New York, den der Sattelclub vor kurzem unternommen hatte. „Als wir zu dem großen Turnier in New York waren, haben wir zwar viele tolle

Sachen gemacht, aber wir haben bestimmt nie unsere Füße in einen kühlen Bach hängen lassen!"

Moni lächelte. „Wahrscheinlich muß man sich in New York ohnehin von jeglichem Wasser fernhalten, das nicht aus einer Wasserleitung kommt!" scherzte sie.

„Hier bei euch ist alles anders", fuhr sie fort. „In der Stadt gibt es nicht vor jedem Haus einen Rasen. Es gibt kaum Einfamilienhäuser, sondern fast nur Mietshäuser mit vielen Wohnungen. Niemand hat einen Swimmingpool, und es reitet auch niemand, es sei denn auf einem Karussellpferd. Wir treiben uns nicht in Einkaufszentren herum, wie wir es gestern getan haben, und wir fahren auch nicht überallhin mit dem Auto, wie ihr es tut. Wir fahren mit U-Bahnen und Bussen, und wir besuchen unsere Freunde zu Hause. Ich kann nur sagen, hier ist wirklich alles anders."

„Aber hier ist es besser, nicht wahr?" fragte Jenny. Sie war stolz darauf, Moni Willow Creek und auch das Reiten gezeigt zu haben. Sie wollte, daß Moni beides ebenso mochte wie sie selbst.

„Ich fühle mich hier sehr wohl, Jenny, wirklich. Aber die Großstadt ist mein Zuhause. Ich mag sie und vermisse sie sogar ein wenig."

„Oh", sagte Jenny. Etwas anderes fiel ihr nicht ein. Moni hatte sie überrascht. Sie konnte sich nicht vorstellen, daß ein Mensch lieber in einer Großstadt lebte als auf dem Land, wo er die Möglichkeit zum Reiten hatte.

„Ich glaube, ich weiß, was du meinst", sagte Laura. „Weil mein Vater Berufssoldat ist, sind wir unzählige Male umgezogen. Jeder neue Ort war anders, aber er war mein Zuhause. Und zu Hause ist es immer am schönsten, wo immer es auch sein mag, nicht wahr?"

„Ja, so ungefähr", stimmte Moni zu. „Aber ich will euch etwas sagen: Noch vor zwei Wochen hätte ich geschworen, daß mich nie jemand überreden würde, auf ein Pferd zu steigen. O nein, niemals. Doch jetzt, nachdem ich mich getraut habe, frage ich mich, wovor ich solche Angst hatte. Pferde sind ganz in Ordnung."

„Ganz in Ordnung" war nicht gerade der Ausdruck, den Jenny und Laura gewählt hätten, aber wenn man in Betracht zog, wie Moni noch vor einer Stunde über Pferde gedacht hatte, waren Jenny und Laura mit ihren Fortschritten doch sehr zufrieden.

„Wenn wir nicht rechtzeitig zurück sind, wird Max einen Suchtrupp losschicken", sagte Laura und planschte zum Abschied noch einmal mit ihren bloßen Füßen im kühlen Wasser herum. Jenny schaute auf die Uhr. Es war wirklich Zeit für den Heimritt. Die drei zogen ihre Stiefel wieder an und machten sich auf den Heimweg, der ohne besondere Vorkommnisse verlief.

Das einzige, was Jenny und Laura ein wenig traurig stimmte, war, daß Julia nicht an ihrem Ausritt teilgenommen hatte.

Während ihre Freundinnen mit Moni ausgeritten waren, hatte Julia gearbeitet. Schließlich hatte sie den Ablieferungstermin einzuhalten. Wie schon der erste handelte auch ihr zweiter Artikel hauptsächlich von der alltäglichen Stallroutine. Sie schrieb über Topside, das neueste Pferd des Stalls, das Max von der erfolgreichen Reiterin Dorothy DeSoto, einer ehemaligen Schülerin, gekauft hatte, und von dem Kurs für die jüngsten Reiter. Diese Gruppe übte zur Zeit, allein auf- und abzusitzen. Doch dann kam sie zu den wichtigen Neuigkeiten.

Im Anschluß an die Berichterstattung über den Diebstahl in Pine Hollow hat die Reporterin Kenntnis von etlichen anderen vermutlichen Diebstählen erhalten. Gestohlen wurden mindestens eine Reitkappe, ein Paar teure Reithandschuhe, eine Gerte und ein Schlüsselbund. Da diese Diebstähle zu verschiedenen Zeiten verübt wurden, ist schwer zu sagen, ob es sich um einen einzigen Täter handelt oder um mehrere. Eines ist jedoch sicher: Die jungen Reiter von Pine Hollow sollten ihr Eigentum nie aus den Augen lassen!

Julia lehnte sich zurück und las die soeben geschriebenen Worte noch einmal. Es war die Wahrheit. Und es war schließlich die Aufgabe eines Journalisten, die Wahrheit zu schreiben.

8

Jenny und Laura telefonierten am Freitag morgen schon sehr früh miteinander – sobald sie Julias neuesten Artikel gelesen hatten.

„Ich kann es kaum glauben", stöhnte Laura. „Er ist noch schlimmer als der letzte!"

„Sie wird solchen Ärger bekommen – und sie macht auch allen anderen Ärger. Sie stellt es so hin, als wäre Pine Hollow eine Räuberhöhle!"

„Wir müssen sie wieder zur Vernunft bringen", erklärte Laura.

„Du kannst aber nur mit jemandem reden, der zuhört", stellte Jenny fest. „Und das letztemal, als ich versuchte, mit ihr über ihre Kolumne zu sprechen, hat sie überhaupt nicht zugehört."

„Ach, das muß an dem Tag gewesen sein, an dem sie behauptete, wir beide hätten vom Journalismus keine Ahnung."

„Entweder das, oder es war der Tag, an dem sie uns erklärte, daß jeder, der sie kritisierte, nur auf ihren Erfolg neidisch wäre."

Laura schüttelte den Kopf. „So stur ist Julia doch sonst nicht."

„Da hast du recht. Aber im Moment ist mit ihr einfach nicht zu reden."

„Das bedeutet aber nicht, daß wir es nicht versuchen sollten", sagte Laura.

Jenny stimmte ihr zu. Es mußte etwas getan werden, und es war besser, wenn Julias Freundinnen diese Aufgabe übernahmen. Sie überlegten sich eine geeignete Strategie. Jenny erklärte Laura, daß eine Situation wie diese den behutsamen Einsatz von Psychologie erforderte. Laura war bereit, es damit zu versuchen, wenn sie Julia mittags im Stall trafen.

Julia hoffte, daß ihre Mitreiterinnen ihren zweiten Artikel positiver aufnehmen würden als den ersten. Sie dachte, daß sie inzwischen doch verstanden haben müßten, daß es die Aufgabe eines Reporters war, auf Unrecht hinzuweisen. Und den Diebstahl von Geld und Reitsachen konnte man wohl eindeutig als Unrecht bezeichnen.

Die ersten, die sie antraf, als sie am Freitag mittag in den Reitstall kam, waren Laura, Jenny und Moni, die auf sie zu warten schienen. Sie lächelte zögernd, in der Hoffnung auf einen freudigen Empfang. Die drei winkten ihr zu. Julia seufzte erleichtert.

„Wie fandet ihr meinen neuen Artikel?" fragte sie. Sie konnte es nicht abwarten, ihre Meinung zu hören.

„Er war einfach toll!“ sagte Laura.

„Ich mochte besonders den Abschnitt über Topside“, sagte Jenny.

Julia hatte gewußt, daß er Jenny gefallen würde. Sie war vernarrt in Topside. Sie lächelte selbstzufrieden.

„Und mir gefiel der Teil über die jüngsten Reiter“, sagte Moni. „Die können schon mehr als ich!“

Julia lachte. Doch dann fiel ihr auf, daß ihre Freundinnen nicht über den wirklich wichtigen Teil ihres Artikels sprachen.

„Und was ist mit dem Teil über die Diebstähle?“ fragte sie.

„Nun ja“, begann Laura, „wir glauben, da gibt es ein kleines Problem – oder zumindest könnte es ein Problem geben.“

Das gefiel Julia gar nicht. „Was soll denn das heißen?“

„Es soll nur heißen, daß du anscheinend glaubst, daß hier im Reitstall haufenweise Gegenstände gestohlen werden“, sagte Jenny.

„Aber das stimmt doch auch!“ verteidigte sich Julia.

„Woher willst du das wissen?“ fragte Moni.

„Weil die anderen es mir erzählt haben“, sagte Julia.

Sie war furchtbar enttäuscht. Hier stand sie nun, sprach mit ihren besten Freundinnen – die, von denen sie dachte, sie würden sich mit ihr freuen und stolz auf sie sein –, und sie wollten nur an ihr herummeckern! Sie waren genauso eifersüchtig wie die anderen Mädchen im Stall!

Jenny merkte sofort, daß sie einen Fehler gemacht hatten. Sie hatten beschlossen, Julia zuerst zu sagen, was ihnen an ihrem Artikel gefiel, und erst dann anzusprechen, was sie störte, doch letzteres schien bei Julia überhaupt nicht anzukommen. Alles, was sie erreicht hatten, war, ihre Gefühle zu verletzen und sie in die Defensive zu treiben.

„Ach, Julia", sagte Jenny schnell, um das Thema zu wechseln, „Laura und ich wollen vor dem Unterricht noch mit Samson arbeiten. Hast du Lust, zu helfen?"

„Ja, wir könnten Hilfe brauchen", fügte Laura hinzu.

„Nein, danke", antwortete Julia kühl. „Ich muß mich zum Reiten umziehen, und außerdem muß ich mir Notizen für meinen nächsten Artikel machen, denn ich habe einen Ablieferungstermin einzuhalten."

Ihr schneidender Ton sagte alles, und Jenny war klar, daß es im Augenblick sinnlos war, weiter mit Julia zu diskutieren. Sie sagte Julia nur, sie würden sich ja dann beim Unterricht sehen, und machte sich mit Laura und Moni auf den Weg zu Samson. Jenny hatte es eilig, von Julia wegzukommen. Sie wollte vermeiden, daß Julia an sie dachte, wenn sie an ihrem nächsten Artikel arbeitete!

Nachdem die drei gegangen waren, ging Julia in den Umkleideraum. Sie wollte sich wirklich ein paar Notizen machen, ohne dabei von ihren Freundinnen gestört zu werden. Für heute hatten sie ihr genug gute Ratschläge aufgedrängt. Und wenn sie vor den anderen arbeiten würde, mußte sie sich zweifellos noch mehr anhören.

Sie setzte sich ans Ende der Bank im Umkleideraum und begann in ihrer Tasche herumzusuchen. Sie hatte etwas ganz Besonderes mitgebracht – ein kleines Diktiergerät, das es ihr ermöglichte, ihre Ideen für den nächsten Artikel auf Band zu sprechen. Sie drückte den Aufnahmeknopf und begann zu sprechen.

„Moni", sagte sie und schaltete das Gerät wieder ab. Sie fand Moni interessant und wollte über sie schreiben. Es war leicht, jemanden nach seiner Kleidung zu beurteilen, doch hinter Moni steckte mehr. Julia hatte ihren Namen auf das Tonband gesprochen, um sich selbst daran zu erinnern, worüber sie schreiben wollte.

Genau in diesem Augenblick betrat das Objekt ihrer Gedanken den Umkleideraum.

„Kannst du mir sagen, wo ich eine Führleine finde?" fragte Moni. „Wenn Laura Samson je zu fassen kriegt", fügte sie mit einem Grinsen hinzu, „will sie versuchen, ihn ein wenig herumzuführen. Ich persönlich glaube allerdings, daß ihm das Fangen-Spielen viel mehr Spaß macht!"

„Da drüben an der Wand ist ein Haken", sagte Julia und zeigte in die Sattelkammer. „Du kannst irgendeine Leine nehmen. Sie sind alle gleich."

„Danke", sagte Moni und machte kehrt, um in die von Julia gezeigte Richtung zu gehen. Doch dann hielt sie inne und drehte sich noch einmal zu Julia um. „Arbeitest du an einem neuen Artikel?" fragte sie nach einem kurzen Blick auf das Diktiergerät.

„Ja", antwortete Julia zurückhaltend. „Ich benutze diesen kleinen Recorder als Gedächtnisstütze. Das machen wir Reporter oft."

„Ich finde deine Arbeit sehr interessant", sagte Moni.

„Wirklich?" fragte Julia überrascht. Dies war das erstemal, daß jemand Interesse für ihre Arbeit zeigte. „Alle anderen sind bloß wütend auf mich. Aber das ist nur Neid."

„Nein, ich finde es wirklich interessant", sagte Moni. „Aus meinem Bekanntenkreis könnte das niemand."

„Wirklich nicht? Du meinst, daß niemand von ihnen schriftstellerisches Talent hat? Ich bin sicher, wenn sie es ernsthaft versuchten – bestimmt könntest auch du..."

Moni schüttelte den Kopf, daß ihre großen weißen und purpurroten Ohrringe klapperten. „Das meine ich nicht. Ich meine, es hat etwas mit dem Unterschied zwischen Stadt und Land zu tun."

Das konnte Julia nicht einsehen, und sie sagte es Moni auch. „Aber die größten Zeitungen der Welt werden in Großstädten gemacht! Fast alle Kriminalreportagen kommen aus Großstädten. Was ich hier mache, ist doch nur zur Übung, bis ich eine Chance bei einer echten Zeitung bekomme. Wie kannst du behaupten, das wäre in einer Großstadt nicht möglich?"

„Wahrscheinlich habe ich mich verkehrt ausgedrückt", sagte Moni. „Ich meine nur, daß das, was du tust, in meiner Umgebung unmöglich wäre. In der Stadt leben die Menschen sehr dicht beieinander. Hier sind die Familien durch eine Einfahrt und eine Garage oder vielleicht eine Hecke, ein Blumenbeet oder sogar einen großen Garten voneinander getrennt. Wo ich herkomme, leben die Nachbarn auf der anderen Seite des Flurs, vielleicht auch auf der anderen Seite der Wand. Wenn man niest, sagt der Nachbar ‚Gesundheit'."

Julia mußte grinsen.

„Wir mögen uns zwar manchmal nicht besonders, aber wir kommen miteinander aus, weil wir uns die meiste Zeit nur um unsere eigenen Angelegenheiten kümmern. Auf diese Weise schafft man zusätzlichen Raum zwischen Menschen, die dicht gedrängt leben. Ich komme mit all meinen Freunden gut aus, denn wenn ich etwas sehe, was ich nicht sehen sollte, oder wenn mir jemand etwas anvertraut, spreche ich nicht darüber. Ich denke, wenn man keine Privatsphäre hat, muß man so tun als ob, indem man sich um seinen eigenen Kram kümmert. Aber hier draußen habt ihr so viel Platz zwischen euch, und das macht es ganz anders. Du kannst losgehen und über private Dinge schreiben, die du nur weißt, weil du zufällig jemandes Freund bist. Und über diese Dinge hätten dir deine Freunde vielleicht nichts erzählt, wenn sie gewußt hätten, daß du darüber schreiben willst. Aber ich nehme an, das ist hier anders."

„Oh", sagte Julia enttäuscht, denn offensichtlich wollte auch Moni sie nur kritisieren. Sie hatte ehrliche Bewunderung von ihr erwartet, aber nur wieder einen Vortrag von jemandem bekommen, der ebenfalls nicht verstand, daß es die wichtigste Aufgabe eines Reporters war, Tatsachen zu berichten.

„Moni! Hast du dich verlaufen?“ Jenny kam in den Umkleideraum.

„Nein“, antwortete sie. „Ich habe mich nur mit Julia unterhalten. Tut mir leid.“ Moni ging eilig zu dem Haken mit den Führleinen, wählte eine aus und folgte Jenny zur Koppel. „Bis später, Julia“, sagte sie.

Julia lauschte den sich entfernenden Schritten auf der Stallgasse und seufzte. Sie hatten sie nicht einmal gefragt, ob sie mitkommen wollte. Aber wahrscheinlich war es ihr Schicksal, daß keiner sie verstand.

Julia hörte, daß jemand ein Pferd aus dem Stall führte, und ihr fiel wieder ein, daß Max vor ihrer eigenen Reitstunde einem Anfänger eine Einzelstunde geben wollte. Er hatte ihr angeboten, zuzusehen, um in ihrem nächsten Artikel darüber zu berichten.

Sie stopfte hastig ihre Sachen in den Schrank und nahm nur einen Stift und einen Block mit. Es würde Max und seinen Schüler ablenken, wenn sie während des Unterrichts in das Diktiergerät sprach.

Julia war froh, wieder an die Arbeit gehen zu können. Je länger sie im Umkleideraum herumsaß, desto größer war die Gefahr, daß wieder jemand kam, um ihr einen Vortrag zu halten.

9

„Um cool auszusehen, muß man nur in der Lage sein, völlig verschiedene Sachen miteinander zu kombinieren. Das ist das ganze Geheimnis", erklärte Moni Jenny und Laura, während sie die beiden vergnügt durch ein Bekleidungsgeschäft führte.

Moni schnappte sich ein großes Seidentuch nach dem anderen, betrachtete es kurz und warf es dann zurück auf den Wühltisch. „Nein, das nicht, vielleicht – igitt! Das ganz bestimmt nicht..." sagte sie.

Jenny hielt die Bluse, die Moni sich bereits ausgesucht hatte. Sie war knallrosa und ärmellos und hatte Knöpfe auf dem Rücken und einen angedeuteten Rollkragen. Jenny fand sie sehr modisch. Moni hatte inzwischen ein Tuch ausgesucht, in dem dasselbe Rosa vorkam – allerdings auch noch etwa vierzig andere Farben.

„Das geht nicht", sagte Moni und ließ das Tuch wieder fallen. „Das paßt einfach zu allem, aber ich will diese Bluse zu meiner Tarnhose tragen. Ich brauche ein Tuch, das die beiden Teile miteinander verbindet."

„Ich schätze, das einzige, was diese Bluse und eine Tarnhose miteinander verbinden kann, ist eine Farbspraydose", verkündete Jenny.

Moni lächelte fröhlich. „Wartet es nur ab", sagte sie. „Es wird euch gefallen."

„Ich hoffe, du wirst mich nicht zwingen, diese Klamotten zu tragen, wenn du endlich das passende Tuch gefunden hast, oder?"

„Ich werde gar keinen Zwang ausüben müssen", konterte Moni, „denn du wirst mich anflehen, dir die Sachen zu leihen!"

„Wofür? Zum Fasching?" fragte Laura.

Moni lachte. „Wartet es nur ab", sagte sie noch einmal und nahm ihre fieberhafte Suche wieder auf.

Jenny schaute fasziniert zu. Sie konnte sich nicht erinnern, bei einem Einkaufsbummel schon einmal soviel Spaß gehabt zu haben wie heute mit Laura und Moni. Sie war mit Laura und Julia schon oft beim Einkaufen gewesen, doch sie hatten immer die gleichen Geschäfte besucht und sich dieselben Dinge angesehen – oder zumindest dieselbe Art von Dingen. Beim Einkaufsbummel mit Moni entdeckte sie Sachen, die ihr früher nie aufgefallen waren. Sie wäre zum Beispiel nie auf die Idee gekommen, sich eine Tarnhose zu kaufen. Bis vor kurzem hatte sie nicht einmal gewußt, wo man eine solche Hose bekam. Jetzt wußte sie es. Außerdem wußte sie jetzt, wo es Sandalen gab, deren Riemchen man sich bis dicht unter die Knie um die Beine wickelte.

Sie hatte sich natürlich nichts von diesen Sachen gekauft, doch Moni hatte es getan. Und sie war begeistert davon.

Andererseits hatte Moni aber auch eine durchaus ernsthafte Seite. Sobald sie in der Ladenpassage den Stand entdeckt hatte, an dem die Lose zugunsten der Bücherei verkauft wurden, hatte sie darauf bestanden, ein ganzes Losheftchen zu kaufen. Dabei waren ihr die Gewinne egal; sie wollte nur etwas für den guten Zweck tun. Laura und Jenny freuten sich beide sehr darüber, daß Moni bereit war, die Bücherei des Ortes zu unterstützen.

Jenny warf einen verstohlenen Blick auf Moni, die um den Wühltisch mit den Tüchern herumwirbelte und dabei vor sich hin summte, und sie mußte grinsen. Manchmal war es ziemlich langweilig, mit jemand anderem einkaufen zu gehen und nichts für sich selbst zu kaufen, aber bei Moni störte sie das nicht. Mit Moni einzukaufen bedeutete, Dinge zu kaufen, die sie selbst nie ausgewählt hätte – aber es machte Spaß! Und es war deutlich zu sehen, daß Laura ebenso empfand. Auch sie schaute Moni gebannt zu.

„Ich finde es schön, eine Schwester zu haben", vertraute Jenny Laura an. „Moni ist viel netter als meine drei Brüder zusammen."

„Das sind ja auch keine ernstzunehmenden Gegner", stellte Laura fest. „Ich kann mich nicht erinnern, daß du deine Brüder überhaupt jemals als ‚nett' bezeichnet hättest."

„Das sind sie ja auch nicht."

Moni zog ein Halstuch vom Wühltisch. Es war tatsächlich olivgrün und knallrosa gemustert.

„Bingo!" verkündete sie, daß es durch das Geschäft hallte. „Jetzt muß ich es nur noch anprobieren!" Jenny trug die Tüte mit der Tarnhose. Moni schnappte sich die Tüte und auch die rosa Bluse und machte sich auf die Suche nach einer Umkleidekabine.

„Irgendwie erinnert sie mich an Samson", stellte Jenny fest, während sie Moni nachschaute.

„Irgendwie übermütig, meinst du?" fragte Laura.

„Ja, irgendwie schon", sagte Jenny. „Du weißt schon – wenn man Samson tun läßt, was er will, ist er urkomisch! Moni ist genauso. Ihr fällt auch immer etwas Neues ein."

„Ja, ich weiß genau, was du meinst. Samson ist einfach etwas verrückt... He, warte mal!" sagte Laura und betrachtete Jenny nachdenklich. „Was meinst du damit, daß du Samson tun läßt, was er will?"

Jenny zuckte die Achseln. „Jedesmal, wenn er etwas tut, ist es wie ein neues Spiel. Er liebt diese Spiele. Ich habe angefangen, ihm Spiele wie ‚Kuckuck' und Fangen beizubringen, aber es kam mir vor, als würde er sie schon kennen. Er ist einfach Spitze – genau wie Moni", sagte sie. „Aber er hat eben auch gern Spaß."

„Du meinst, du hast ihm diese Spiele beigebracht?" fragte Laura, der plötzlich klar wurde, was passiert war.

„Ich brauchte ihm kaum etwas beizubringen", sagte

Jenny. „Er ist ein Naturtalent. Eigentlich wollte ich ihm ja das Halfter anlegen, doch irgendwie haben wir dann angefangen zu spielen …"

„Aber Jenny, wie konntest du das tun?" rief Laura aus.

„Ach, es war ganz einfach", sagte Jenny.

„Natürlich war es einfach", erwiderte Laura und holte tief Luft, um sich zu beruhigen. „Du wolltest spielen, und er wollte spielen. Das Problem ist nur, daß du mit einem Halfter zu ihm gegangen bist, und anstatt mit ihm zu arbeiten, hast du ihn spielen lassen. Jetzt will er jedesmal spielen, wenn jemand mit einem Halfter zu ihm kommt."

„Aber er ist doch so süß!" sagte Jenny.

Laura mußte feststellen, daß Jenny immer noch nicht verstanden hatte, worauf sie hinauswollte.

„Natürlich ist er süß, aber er hat eine Aufgabe zu erfüllen. Wenn du einem Pferd etwas beibringen willst, mußt du konsequent bei der Arbeit bleiben, denn sonst glaubt es, daß es spielen darf. Wenn man Pferde nicht ständig an das erinnert, was sie gelernt haben, vergessen sie es ganz schnell wieder."

„Du meinst, ich hätte nicht mit ihm spielen dürfen?"

„Nicht mit dem Halfter in der Hand – vor allem nicht mit einem Halfter, das er noch nicht getragen hat. Es ist, als hättest du ihn für seine Ungezogenheit auch noch belohnt. Das heißt natürlich nicht, daß er jetzt für sein Leben verdorben wäre oder so, aber es bedeutet, daß wir jetzt wieder ganz von vorn anfangen müssen, damit er die Spiele ebenso wieder vergißt, wie er seine Erziehung vergessen hat."

„Willst du damit sagen, daß ich nicht mehr mit ihm spielen darf?" Jenny stemmte die Hände auf die Hüften und funkelte Laura an. „Er ist schließlich nicht dein Pferd!"

Laura funkelte zurück. „Spiele sollten eine Belohnung für gute Arbeit sein und nicht für eine nichtgeleistete Arbeit!"

„Du machst ja ein Schwerverbrechen daraus!" empörte sich Jenny.

Laura merkte, daß Jenny allmählich wütend wurde. Aber das war ihr egal, denn *sie* war bereits wütend darüber, daß Jenny bei der Arbeit mit dem Fohlen so gedankenlos gewesen war.

„Ich mache keineswegs ein Schwerverbrechen daraus, aber du wolltest überhaupt nicht mit Samson arbeiten. Du wolltest nur mit ihm spielen!"

„Und du bist jetzt neidisch, daß ich soviel Spaß hatte!"

„Neidisch? Wer ist neidisch?" fragte Moni und gesellte sich zu Laura und Jenny, die sich aufgebracht gegenüberstanden. „Geht es um Julia? Obwohl ich sie nicht sehr gut kenne, glaube ich doch, daß sie ganz in Ordnung ist und schon bald merken wird, daß das, was sie tut, überhaupt nicht cool ist."

„Nein, es geht nicht um Julia", erwiderte Jenny, die

Laura immer noch wütend anfunkelte. „Es geht um Laura. Sie hat mir gerade vorgeworfen, daß ich Samson mit meinen Spielen verdorben habe, aber ich glaube, sie ist nur neidisch, weil ich soviel Spaß mit ihm hatte! Was meinst du?"

Jenny und Laura sahen Moni erwartungsvoll an und bemerkten erst dann, daß sie ihre neuen Sachen trug.

„Ich glaube, dieses Tuch war genau das, was ich gesucht habe", sagte Moni und drehte sich um sich selbst, um sich von allen Seiten zu zeigen.

Die beiden waren überrascht. Moni trug die Tarnhose und die knallrosa Bluse, dazu das Tuch, das sie um die Taille geschlungen hatte. Die Kombination war ausgesprochen ungewöhnlich, aber sie paßte zu Moni. „Jetzt brauche ich nur noch eine Haartönung, die zu dem Rosa paßt. Und dann ... da fällt mir ein, ich habe vorhin ein Paar Ohrringe aus Patronenhülsen gesehen. Was meint ihr, welche Schuhe dazu am besten passen würden?"

„Flache", entschied Jenny.

Moni nickte. „Ja, entweder flache Schuhe oder Springerstiefel."

Laura konnte sich nicht länger beherrschen. Sie begann zu lachen, und Jenny und Moni fielen in ihr Gelächter ein. Als die drei sich beruhigt hatten, ging Moni zurück in die Kabine und zog ihre alten Sachen wieder an. Dann zeigte Laura ihr den Weg zur Kasse, damit Moni ihre Neuerwerbungen bezahlen konnte.

„Ich weiß nicht, wie du es machst", stellte Jenny fest, als sie in der Schlange an der Kasse anstanden, wobei ihnen deutlich bewußt wurde, daß die anderen Kunden Moni anstarrten. „Das sind die irrsten Klamotten, die ich je gesehen habe, aber an dir sehen sie toll aus. Wo hast du gelernt, dich so anzuziehen?"

„Meine Mutter hat es mir beigebracht", sagte Moni.

„Das kann ich kaum glauben", stellte Jenny fest. „Ich habe deine Mutter einmal gesehen, voriges Jahr, als sie bei meiner Mutter im Büro war. Deine Mutter zieht sich so normal an wie jeder andere Mensch. Ich glaube, sie trug damals ein Kostüm mit Nadelstreifen. Und dazu, wenn ich mich recht erinnere, eine von diesen kleinen Fliegen."

Moni ließ ihre Einkäufe auf den Kassentisch fallen und zog ihre Geldbörse aus dem Miniatur-Seesack, der ihr als Handtasche diente. „Genau das meine ich. Wißt ihr, meine Mutter würde es gern sehen, wenn ich so angezogen wäre wie Julia – alles aufeinander abgestimmt. Doch eines Tages, als sie sich gerade ein paar karierte Röcke und pastellfarbene Blusen für mich ansah, ging ich in eine Abteilung, in der Armeebestände verkauft werden, und fand dort einen tollen Overall. Also gab ich mein Geld dafür aus und nicht für den Rock und die Bluse, die sie für mich ausgesucht hatte. Und nachdem ich einmal auf den Geschmack gekommen war, wußte ich, daß Punk genau mein Stil war. Wenn meine Mutter mir nicht erlaubt hätte, meine Sachen selbst zu kaufen, hätte ich es vielleicht nie erfahren."

Der Verkäufer gab die Preise von Monis Sachen in seine Kasse ein. Jenny drehte sich zu Laura um. „Ich glaube, die Geschichte hat eine Moral", sagte sie grinsend.

Laura legte fragend den Kopf zur Seite. „Was meinst du damit?"

Jenny verfolgte ihren Gedanken. „Nun ja, wenn ich Samson tun lasse, was er will, anstatt ihn dazu zu bringen, zu tun, was ich will..."

Laura nickte, in der Hoffnung, daß Jenny ihren Standpunkt endlich verstanden hatte.

„... dann wird er sich schließlich die Mähne olivgrün und knallrosa färben und einen Tarnsattel tragen."

„Genau, und alle anderen Pferde werden neidisch sein!" fügte Laura hinzu und begann zu lachen.

Moni nahm ihr Wechselgeld und ihre Tüte in Empfang. „Kommt mit", sagte sie, „mir ist wieder eingefallen, wo ich die Patronenhülsen-Ohrringe gesehen habe. Und auf dem Weg dorthin müßt ihr mir erzählen, was so witzig ist."

„Nur wenn du uns verrätst, wie man bunte Stacheln in die Mähne eines Pferdes macht", sagte Jenny fröhlich.

Laura ging zwischen den beiden und legte ihnen die Arme um die Schultern. „Was haltet ihr von Hufeisen-Ohrringen für Samson?" fragte sie.

10

Diesmal war Julia überzeugt, daß alle mit ihr zufrieden sein würden. Voller Zuversicht machte sie sich auf den Weg zum Reitstall. Sie hatte in ihrem Artikel mit keinem Wort erwähnt, daß jemandem etwas abhanden gekommen war. Sie hatte nichts erwähnt, das irgend jemand übelnehmen konnte. Sie hatte zuerst über die Dinge geschrieben, auf die Mr. Teller Wert legte, zum Beispiel wer von den Anfängern gelernt hatte, die Zügel richtig zu halten und wer seinen ersten Sprung gewagt hatte. Doch danach kam der interessante Teil. Den Rest ihres Artikels hatte sie Moni gewidmet, denn sie fand Moni sehr interessant und wollte, daß auch alle anderen das erfuhren. Sie hatte natürlich über Monis ungewöhnliche Kleidung geschrieben, aber in Moni steckte noch mehr, und das wollte sie ihren Lesern vermitteln. Julia war überzeugt, daß ihr neuester Artikel allen gefallen würde. Sie hatte auch schon Pläne für den nächsten. Sie wollte Vergleiche anstellen zwischen den Reitstunden für die Erwachsenen und ihren eigenen Stunden, doch dafür mußte sie zuerst mit Mrs. Reg sprechen. Deshalb ging sie zuerst in Mrs. Regs Büro.

Das Büro hatte zwei Türen – eine zur Stallgasse und eine zur Sattelkammer, neben der der Umkleideraum lag. Meistens fand man Mrs. Reg in ihrem Büro oder in der Sattelkammer, doch an diesem Tag war sie nicht da. Julia blieben nur noch fünfzehn Minuten bis zum Beginn ihrer Reitstunde, deshalb konnte sie sich nicht mehr auf die Suche nach Mrs. Reg machen. Sie schrieb eilig ein paar Zeilen, in denen sie Mrs. Reg fragte, bei welcher der Stunden für Erwachsene sie zusehen durfte, und machte sich dann auf den Weg in den Umkleideraum.

Irgend etwas ließ sie jedoch noch in Mrs. Regs Büro innehalten. Es war ihr Name, gesprochen von Veronica diAngelo.

„Freunde, Julia hat es wieder getan – bloß diesmal hat sie einen Volltreffer gelandet!"

„Hör auf zu lästern, Veronica!" ertönte Jennys Stimme.

„Hört euch das an", sagte Veronica. Von ihrem Platz in Mrs. Regs Büro, in dem Halbdunkel herrschte, konnte Julia Veronica sehen. Sie war auf eine der frischgestrichenen schmalen Bänke vor den Schränken geklettert. In der Hand hielt sie ein Stück Papier. Julia konnte sehen, daß es ein Zeitungsausschnitt war und erkannte an der Anzeige auf der Rückseite, daß es sich um ihren Artikel handelte. Veronica diAngelo hatte vor, ihren Artikel laut vorzulesen.

Irgend etwas stimmte nicht. Veronica gehörte mit Sicherheit nicht zu den Leuten, die Moni unbedingt kennenlernen wollten. Veronica war extrem eingebildet und wollte mit niemandem etwas zu tun haben, der nicht ihren Kreisen angehörte. Moni war zwar sehr nett, aber für Veronica wäre sie nie gut genug. War es möglich, daß Julia sie so gut beschrieben hatte, daß sie Veronicas Interesse geweckt hatte? Wohl kaum.

„In unserem Stall ist ein neues Gesicht aufgetaucht – ein sehr ungewöhnliches Gesicht!" las Veronica vor. Ihre Freundinnen kicherten. So wie Veronica es sagte, klang es wie eine Beleidigung. Das hatte Julia so nicht geschrieben; zumindest hatte sie es *so* nicht gemeint. „Durch einen glücklichen Zufall ist Moni Sanders zu Besuch. Sie ist zu Gast bei der Familie Lake." Veronica sah von dem Zeitungsausschnitt hoch. „Glücklicher Zufall? Fragt sich nur, für wen!" Die Mädchen lachten.

„Veronica, hör auf damit!" sagte Jenny. „Du machst dich lustig über Moni."

„Das tue ich nicht", verteidigte sich Veronica. „Ich lese nur einen Zeitungsartikel vor, direkt aus dem *Tageblatt* von Willow Creek! Endlich schreibt Julia mal etwas, das ich auch glauben kann!"

„Du bist ein echtes Lästermaul", schimpfte Jenny und stand auf. „Moni ist genau hinter dieser Tür in Topsides Box und putzt ihn, bis unsere Stunde anfängt und sie zusehen kann." Da wurde Julia bewußt, daß Moni jedes Wort gehört haben mußte. Bei diesem Gedanken fühlte sie sich schrecklich.

„Aber sie ist doch deine Freundin, oder nicht?“ stichelte Veronica. „Schöne Freundin.“

Jenny war einer der treuesten Menschen, die Julia kannte. Sie würde zu Moni halten, egal wie sehr Veronica über sie herzog.

„Ja, Julia ist meine Freundin“, sagte Jenny. „Und sie ist sogar eine meiner beiden besten Freundinnen. Sie bemüht sich sehr, etwas Wichtiges zu tun, und auch wenn sie dabei ein paar Fehler gemacht hat…“

Jenny sprach noch weiter, doch Julia hörte es nicht mehr, denn inzwischen hatte sie begriffen, was Jennys Worte bedeuteten. Jenny verteidigte nicht Moni. Veronica hatte über sie, Julia, gelästert.

Lange nachdem Jenny umgezogen und in den Stall gestürmt war, um Comanche für den Unterricht zu satteln, stand Julia immer noch bewegungslos im Halbdunkel von Mrs. Regs Büro. Sie hörte den Rest von Veronicas Vortrag. Veronica las weiter aus dem Artikel vor, doch für Julia hörten sich die Worte nicht mehr wie ihre an, und die Botschaft klang ganz anders, als die, die sie vermitteln wollte. Anstatt die Moni zu beschreiben, die sie kannte und gern hatte, lauschte sie Worten, die Moni nur zu beleidigen schienen, so als wäre sie weniger wert als die Mädchen von Willow Creek. Zum Teil lag es daran, wie Veronica vorlas, doch ein Großteil des Problems lag eindeutig in dem, was Julia geschrieben hatte.

„Für Moni ist dieser Besuch in Willow Creek eine Flucht

aus der schmutzigen Großstadt, in der die Menschen in drangvoller Enge leben…"

Julia wurde plötzlich klar, daß das klang, als käme Moni aus einem rattenverseuchten Barackenviertel, doch das war keineswegs der Fall. Julia spürte, wie sie vor Scham rot wurde. Hatte sie all das wirklich geschrieben?

„Doch das Bemerkenswerteste an Moni Sanders ist natürlich ihre einzigartige Garderobe! Leuchtende Farben in bunter Eintracht – und dazu ihre aufsehenerregenden Frisuren! Und wenn sie zu ihrem orangefarbenen Haar gleichfarbigen Lidschatten trägt – kaum zu glauben!"

Veronica und ihre Freundinnen bekamen einen hysterischen Lachanfall. Julia wußte nicht, über wen sie mehr lachten, über Moni oder über sie, aber es war ihr auch egal. Sie hatte Moni beschrieben, als wäre sie eine Ausgeflippte und nicht das nette Mädchen, das sie wirklich war. Wie hatte sie Moni das antun können – und sich selbst? Sie hatte das Gefühl, das höhnische Gelächter von Veronica und ihren Freundinnen verdient zu haben, aber es war nicht fair von ihnen, über Moni zu lachen.

„Ist das nicht großartig?" fragte Veronica ihre Freundinnen, nachdem sie den Artikel zu Ende gelesen hatte. „Inzwischen bin ich richtig froh, daß Julia diese Artikel schreibt. Anfangs war ich mir nicht so sicher…" Sie begann erneut zu lachen und schwenkte den Zeitungsausschnitt durch die Luft. „Aber das hier entschädigt mich wirklich für alles. Vielleicht wird sie sich in der nächsten

Woche eine andere Freundin vornehmen – wenn sie dann noch eine hat!"

Julia wußte, daß Veronica erst angefangen hatte zu lästern und noch zu großer Form auflaufen würde, doch da wurde sie durch eine Lautsprecherdurchsage von Max unterbrochen, der ankündigte, daß der Reitunterricht in fünf Minuten beginnen würde. Die Mädchen machten sich eilig daran, ihr Sattelzeug zu holen und die Pferde zu satteln.

Julia blieb in Mrs. Regs dunklem Büro stehen; sie konnte sich nicht bewegen. Gedanken schossen ihr durch den Kopf; sie hörte immer wieder die Worte, die Veronica vorgelesen hatte. Alles, was so lustig geklungen hatte, als sie es schrieb, hörte sich bei Veronica grausam und herzlos an. Natürlich, bei Veronica klangen sogar Glückwünsche wie eine Morddrohung, aber die Worte stammten von ihr. Sie hatte alles geschrieben, was Veronica vorgelesen hatte, und obwohl sie es nicht beabsichtigt hatte, klang es doch, als wäre Moni eine schreckliche Person.

„Julia, bist du das?" Mrs. Regs sanfte Stimme unterbrach ihre Gedanken. „Weinst du, Liebes?"

Julia strich sich mit der Hand über die Wange und war überrascht, dort Tränen zu fühlen. Es war ihr gar nicht bewußt gewesen, daß sie weinte. Sie wußte jedoch, daß es Tränen der Wut, der Scham und der Traurigkeit waren, vor allem aber weinte sie wegen Moni. Sie hatte Moni sehr verletzt, und das war genau das Gegenteil von dem, was sie beabsichtigt hatte.

Jetzt verstand sie auch, was Moni zu ihr gesagt hatte. Freunde behandeln einander nicht so, wie sie ihre Freundinnen behandelt hatte. Sie veröffentlichen nichts, was ihnen in privaten Gesprächen erzählt wurde; sie ziehen keinen Nutzen aus persönlichen Problemen anderer, wie sie es mit dem Verlust von Jennys Geldbörse getan hatte. Das hatte nichts mehr mit Freundschaft zu tun – und auch nichts mit Journalismus. Sie war keine Journalistin, sondern nur eine Klatschtante.

Mrs. Reg legte Julia tröstend einen Arm um die Schultern. Julia hatte den Eindruck, daß Mrs. Reg genau wußte, was passiert war. So etwas schien sie immer zu wissen.

„Mrs. Reg", murmelte Julia, „ich habe etwas Schreckliches getan."

Mrs. Reg drückte sie fest an sich, und Julia strömten die Tränen nur so über das Gesicht. Zusätzlich zu allem anderen hatte sie auch noch das bedrückende Gefühl, Mrs. Regs Trost überhaupt nicht zu verdienen. Das brachte sie nur noch mehr zum Weinen.

„Ich habe die Gefühle so vieler Leute verletzt", schluchzte sie. „Ich habe Jenny und Laura weh getan und Anna, Betsy und Polly – und sogar Veronica –, aber vor allem Moni. Ich wollte es nicht, aber ich habe es getan. Was ich geschrieben habe, war noch viel schlimmer als beim letztenmal. Ich war so dumm!" Sie hätte gern noch mehr gesagt, aber sie weinte zu sehr, um noch etwas hervorzubringen.

Mrs. Reg nahm ein Taschentuch aus der Packung auf ihrem Schreibtisch und gab es ihr. Dann ein zweites und ein drittes. Sie wartete geduldig, bis schließlich die letzte Träne über Julias Gesicht gelaufen war.

„Vorbei?" fragte sie.

Julia nickte. „Allerdings! Mit dem Schreiben ist es vorbei, mit meinen Freundinnen sicher auch, und vielleicht auch mit dem Reiten."

„Nichts überstürzen", sagte Mrs. Reg. „Nur weil du einen Haufen Fehler gemacht hast, ist das noch lange kein Grund, gleich noch massenhaft weitere zu machen." Mrs. Reg führte Julia zu der Bank in der Sattelkammer, und beide setzten sich. „Das erinnert mich an eine Reiterin, die wir hier mal hatten", begann sie.

Mrs. Reg war berühmt für ihre Geschichten über Reiter und Pferde, die sie einmal gekannt hatte. Den Mädchen vom Sattelclub kam es so vor, als hätte Mrs. Reg zu jedem Problem eine passende Geschichte auf Lager, und Julia und ihre Freundinnen wußten seit langem, daß sich das Zuhören meistens lohnte.

„Als diese Reiterin zu uns kam, war sie ungefähr in deinem Alter, aber sie hatte schon jahrelange Reiterfahrung. Max merkte sofort, daß sie Talent hatte, aber sie hatte auch Probleme. Sogar sehr viele, denn sie war nicht nur jahrelang geritten, sondern sie war auch jahrelang falsch geritten. Sie wollte unbedingt Turnierreiterin werden, und Max war überzeugt davon, daß sie es ganz nach oben schaffen konnte. Das war jedoch der einzige Punkt, in dem die beiden einer Meinung waren. Sie war nämlich der Ansicht, daß es ihre Aufgabe als Reiterin war, ihr Pferd zu beherrschen. Vom Augenblick des Aufsteigens bis zum Absitzen bearbeitete sie ihr armes Pferd ununterbrochen – sie zog an den Zügeln, drückte mit den Schenkeln oder benutzte die Gerte. Meistens tat es, was sie wollte, denn es wußte, daß sie der Boß war."

„Aber soll denn der Reiter nicht der Boß sein?" warf Julia ein.

„Ja und nein", antwortete Mrs. Reg. „Natürlich muß er seinem Pferd klarmachen, wer das Sagen hat, aber sobald das geschehen ist, sollten Pferd und Reiter zusammenarbeiten. Wenn der Reiter das Pferd pausenlos beherrscht, kann es zu keiner Zusammenarbeit kommen. Es funktioniert natürlich, und man kann durchaus auf diese Weise reiten, aber ein Spitzenreiter wird man so nie."

„Ich wette, es hat Max fast wahnsinnig gemacht, daß sie so gemein zu seinen Pferden war", sagte Julia. „Hat er sie hinausgeworfen?"

„Keineswegs", erwiderte Mrs. Reg. „Er wußte, daß sie eine gute Reiterin werden würde, und er wollte mit ihr arbeiten und fing deshalb mit ihr noch einmal ganz von vorn an. Erst ließ er sie alle Pferde am Halfter herumführen, dann durfte sie sie longieren. Dadurch hatten sie mehr Freiheit, und sie konnte sehen, wozu Pferde fähig sind, wenn sie nicht von Reiterschenkeln und Gerte belästigt werden. Außerdem trug er ihr auf, die Pferde jedesmal mit einer Möhre zu belohnen, wenn sie etwas richtig gemacht hatten."

„Sollte sie sich damit bei den Pferden entschuldigen?" fragte Julia.

„Ja, genau", sagte Mrs. Reg. „Nachdem sie sich mit den Pferden angefreundet hatte, begann sie sie wirklich gern zu haben und ihnen zu vertrauen. Also ließ er sie in einer Anfängergruppe mitreiten."

„Oh, da muß sie sich aber gelangweilt haben!" stellte Julia fest.

„Keineswegs", widersprach Mrs. Reg. „Du weißt doch, man langweilt sich nur, wenn man Dinge lernen soll, die man schon kann. Diese Reiterin aber war Anfängerin, denn nichts von dem, was sie bisher gelernt hatte, verschaffte ihr irgendeinen Nutzen. Sie mußte sehr hart an sich arbeiten."

Mrs. Reg erhob sich, um auch Julia das Zeichen zum Aufbruch zu geben. Wie immer war ihre Geschichte zu Ende, bevor Julia mit einem Ende gerechnet hatte. Auch sie stand auf.

„Und wie ging es weiter?" wollte sie noch wissen.

Mrs. Reg sah sie an, als wäre sie ein wenig überrascht, daß Julia sich nicht denken konnte, was damals passiert war. „Nun, sie wurde natürlich eine ausgezeichnete Turnierreiterin. Ach ja, wenn du Red siehst, sag ihm bitte, daß er zu mir kommen soll. Er soll die Malerarbeiten fertigmachen. Der Geruch ist einfach furchtbar, findest du nicht? Ich wette, die Pferde hassen ihn auch. Außerdem muß ich noch beim Futtermittelhändler anrufen..." Mrs. Reg ging in ihr Büro und nahm den Telefonhörer zur Hand.

Da Mrs. Regs Geschichten meistens einen tieferen Sinn hatten, mußte Julia nun herausfinden, was Mrs. Reg ihr mit dieser Geschichte hatte sagen wollen. Ganz offensichtlich mußte sie noch einmal ganz von vorn anfangen, um etwas über Journalismus zu lernen. Sie war noch lange nicht reif für eine Arbeit als Kriminalreporterin. Doch was hatten das Herumführen am Halfter, das Longieren und die Möhren mit Journalismus zu tun?

Auf einmal verstand sie den Sinn. Genauso, wie die Turnierreiterin sich bei den Pferden entschuldigen mußte, die sie falsch behandelt hatte, bevor sie einen Neuanfang wagen konnte, mußte auch sie, Julia, sich bei den Menschen entschuldigen, denen sie weh getan hatte. Erst dann konnte sie damit beginnen, etwas über das Schreiben zu lernen. Sie hatte viele Leute verletzt, das war ihr bewußt, aber Moni hatte sie mit Sicherheit am tiefsten getroffen. Bei ihr würde sie anfangen.

Es war inzwischen zu spät, um noch am Unterricht teilzunehmen, und außerdem legte Julia keinen Wert darauf, ihren Mitreiterinnen gerade jetzt unter die Augen zu kommen. Das Wichtigste war jetzt, Moni zu finden und mit ihr zu reden.

Julia schob ihre Sachen in ihr Schrankfach und machte

sich auf den Weg zum Reitplatz, wo der Unterricht stattfand. Moni saß gern auf dem Zaun und schaute zu, doch Julia konnte schon vom Stall aus sehen, daß sie nicht da war. Sie schaute bei Samson und Delilah auf der Koppel nach. Keine Spur von ihr. Sie schaute in die Futterkammer, in Max' Büro, in alle Boxen und in die Sattelkammer, doch sie konnte Moni nirgends entdecken.

„Moni?" sagte Red, als Julia ihn nach ihr fragte. „Ich glaube, sie hat eine Einzelstunde. Sie hat mich gebeten, ihr Topside zu satteln."

„Moni?" sagte auch einer der Maler, den Julia ansprach. „Die mit den gefärbten Haaren? Ich habe sie vorhin wegreiten sehen."

Ganz allein? Moni hatte bei weitem nicht genug Erfahrung, um allein auszureiten. Wie kam sie bloß auf die Idee? Doch dann wurde Julia alles klar: Moni war auf der Flucht, und sie benutzte dazu das einzige Mittel, das ihr zur Verfügung stand – ein Pferd.

Sie wußte, daß Moni auf ihrem Alleinritt in echter Gefahr war. Ein unerfahrener Reiter hatte allein nichts im Gelände zu suchen. Topside war zwar ein braves Pferd, aber auch ein Spitzenturnierpferd – temperamentvoll und gut trainiert. Moni würde ihn nie halten können.

Julia dachte kurz daran, Max, Mrs. Reg, Red oder einen der anderen Reiter um Hilfe zu bitten. Doch Moni war ihretwegen geflohen, und sie würde sie auch wieder zurückholen.

11

Noch nie in ihrem Leben hatte Julia ein Pferd so schnell gesattelt wie an diesem Tag. Pepper schien zu spüren, daß dies nicht der Zeitpunkt für Spielchen war. Er stand ganz still und senkte sogar den Kopf, damit Julia ihn leichter auftrensen konnte. Sie dachte an Mrs. Regs Geschichte und klopfte ihm dankbar den Hals.

Julia führte ihn zum Seitenausgang hinaus, der vom Reitplatz nicht eingesehen werden konnte. Dasselbe hatte Moni wahrscheinlich auch gemacht. Das bedeutete, daß sie einen der Reitwege eingeschlagen haben mußte, die hinter dem Stall anfingen. Julia begann, die verschiedenen Möglichkeiten gegeneinander abzuwägen, als ihr einfiel, daß sie etwas Wichtiges vergessen hatte – das Glücksbringer-Hufeisen.

Sie ließ Pepper wenden, dirigierte ihn zurück an die Stalltür und berührte das Hufeisen mit der Hand. Nun konnte die Suche beginnen.

Doch welchen Weg sollte sie wählen? Sie richtete sich im Sattel auf und versuchte, die einzelnen Wege möglichst weiträumig zu überblicken. Alle Schüler von Pine Hollow kannten die Reitwege von unzähligen Ausritten. Vom Stall weg führten vier, die Moni benutzt haben konnte. Der erste war Julias Lieblingsweg, die Bergstrecke, die durch den Wald und dann auf einen Berg führte. Dann gab es die Waldstrecke, die zuerst zum Berg führte und auf dem Rückweg durch den Wald. Die Bachstrecke führte über einen Hügel und dann am Willow Creek entlang, dem Bach, der dem Ort seinen Namen gab. Und schließlich gab es noch den Weg durch die Felder. Er schlängelte sich durch Wiesen und Felder, führte dann in den Wald und verlief schließlich parallel zu dem Fluß, in den der Willow Creek mündete, nicht weit von der Schnellstraße entfernt. Diese Strecke wurde erst schön, wenn man den Wald erreicht hatte – Julia mochte sie am wenigsten.

Sie entschied sich für die Bergstrecke und wollte Pepper gerade nach links wenden, als sie eine Eingebung hatte. Wenn Moni wirklich davongelaufen war, wußte sie sicher, daß sie auf der Schnellstraße nach Hause kommen würde.

Es gab dabei nur zwei Probleme. Zum einen war der Fluß an der Stelle, an der der Reitweg ihn kreuzte, tief und breit, und er floß sehr schnell. Und zum anderen befand sich diese Furt direkt neben der Schnellstraße, auf der Laster hupten, Autos Fehlzündungen hatten und manchmal auch Sirenen heulten. Topside war zwar ein Spitzenpferd, aber er war auch schreckhaft. Der Verkehrslärm konnte ihn erschrecken, und Moni hatte bei weitem nicht genug Erfahrung, um ihn wieder zu beruhigen. Julia durfte keine Zeit mehr verlieren.

Sie lenkte Pepper auf den Feldweg. „Los, mein Junge", sagte sie zu ihm. „Wir müssen sie finden!"

Pepper schien sie zu verstehen, denn er spitzte interessiert die Ohren und wartete gespannt auf die nächste Anweisung. Julia gab ihm einen leichten Schenkeldruck und verlagerte ihr Gewicht etwas nach vorn. Pepper ging einen fleißigen Schritt, und als er sich warmgelaufen hatte, ließ Julia ihn antraben und schließlich angaloppieren. Auf diese Weise hatte sie die größte Chance, Moni einzuholen, bevor sie in Schwierigkeiten geriet. Sie hoffte nur, daß Topside nicht erschreckt wurde, denn von sich aus würde Moni bestimmt nur Schritt reiten.

Die Wiesen waren bereits gemäht, so daß Julia einen weiten Blick hatte. Sie suchte besorgt den Boden nach etwas Ungewöhnlichem ab und war sehr erleichtert, als sie nichts entdecken konnte.

Wenn sie auf direktem Weg zum Fluß hätte reiten können, wäre sie in etwa zehn Minuten dortgewesen, denn er lag nur knapp einen Kilometer entfernt. Doch sie mußte dem Weg folgen, weil es unmöglich war, quer über die hügeligen Felder und Wiesen zu reiten. Sie brauchte mehr als fünfundvierzig Minuten, um auf den letzten Hügel zu gelangen. Als sie die Hügelkuppe erreicht hatte, sah sie Moni.

Beinahe hätte sie über den Anblick gelacht, der sich ihr

bot. In etwa hundert Meter Entfernung, am Fuße des Hügels, stand Moni am Flußufer, triefend naß und wutschnaubend. Das normalerweise hochstehende Haar hing ihr strähnig in den Nacken, und die rosafarbene Tönung, die sie am Morgen aufgesprüht hatte, hatte ihr gelbes T-Shirt verfärbt. Doch das Lustige war, daß Moni genau vor Topside stand, mit den Händen auf den Hüften und energisch vorgeschobenem Kinn und ihn anstarrte. Topside erwiderte Monis Starren mit einem gelangweilten Blick. Moni sagte etwas zu Topside, ging auf seine linke Seite und nahm die Zügel auf. Sie wollte aufsitzen. Sie befolgte all die Anweisungen, die sie vermutlich von Jenny und Laura bekommen hatte, und ihr Versuch sah gar nicht schlecht aus. Doch sobald sie ihren linken Fuß hob, um ihn in den Steigbügel zu stellen, trat Topside zwei Schritte nach rechts und brachte die auf einem Bein stehende Moni aus dem Gleichgewicht. Sie fiel hin.

Julia kicherte. Doch dann kam sie sich gemein vor, denn das Ganze war überhaupt nicht lustig, vor allem nicht für Moni, die an diesem Tag schon genug gelitten hatte. Offenbar hatte sie versucht, den Fluß zu durchqueren, und war dabei heruntergefallen. Topside wußte natürlich, daß sie es erneut versuchen würde, sobald sie wieder im Sattel saß. Doch er wollte nicht noch einmal ins Wasser gehen. Die einfachste Methode, es zu verhindern, war, sie nicht noch einmal aufsitzen zu lassen.

Es war schwer zu sagen, wie lange es noch so weitergehen würde. Julia fiel auf, daß Topsides Ohren nervös zuckten, weil ihn der Lärm auf der Schnellstraße beunruhigte. Ein Hupen, und er würde durchgehen.

Julia trieb Pepper wieder an. Der Hügel war recht steil, und Pepper ging sehr vorsichtig, Schritt für Schritt, bergab. Die Verzögerung beunruhigte Julia. Sie wußte, daß Moni ihre Hilfe viel dringender brauchte, als ihr selbst vielleicht bewußt war.

Während Julia besorgt zuschaute, nahm Moni ein weiteres Mal die Zügel auf. Doch diesmal bewegte sie sich nicht langsam auf das Turnierpferd zu, sondern nahm einen Schritt Anlauf, sprang an Topside hoch und klammerte sich mit aller Kraft an den Sattel. Topside trabte an. Moni hielt sich eisern fest und schaffte es irgendwie, in den Sattel zu kommen. Es gelang ihr sogar, einen der Steigbügel aufzunehmen.

„Halt dich fest!" rief Julia, die inzwischen auf Hörweite herangekommen war. „Das machst du ganz prima!"

Moni warf ihr einen Blick zu. Die Überraschung war ihr deutlich anzusehen, doch noch deutlicher standen auf ihrem Gesicht Angst – und Wut – geschrieben.

„Laß mich in Ruhe!" brüllte Moni. „Du hast genug angerichtet! Hau ab!" In ihrer Aufregung riß sie an den Zügeln. Diese ruckartige Bewegung ließ Topside abrupt stehenbleiben.

Julia atmete auf. Doch dann hupte ein vorüberfahrender Sattelschlepper anhaltend, und Topside ging durch.

Moni wurde so stark durchgeschüttelt, daß ihr der eine Steigbügel, den sie aufgenommen hatte, über den Fuß rutschte. Jetzt hatte sie keine Möglichkeit mehr, sich mit Hilfe der Steigbügel auszubalancieren, und Julia wußte, daß die Gefahr eines Sturzes sehr groß war. Doch wenn sie stürzte, solange ihr Fuß im Steigbügel eingeklemmt war, würde sie von Topside mitgeschleift werden.

Sie durfte keine Sekunde mehr verlieren! Auch Pepper schien das jetzt zu spüren.

„Halt dich an der Mähne fest!" rief Julia Moni zu, denn ein fester Griff in die Mähne war Monis einzige Chance, oben zu bleiben. Topside schwenkte nach rechts, wodurch Moni nach links geschleudert wurde, auf die Seite, an der ihr der Fuß durch den Steigbügel gerutscht war.

Pepper galoppierte oben auf dem Hügel, parallel zu Topside, doch weit oberhalb von ihm. Pepper den Hügel hinabgaloppieren zu lassen, war unmöglich, denn es war einfach zu gefährlich. Julia mußte nur versuchen, so dicht wie möglich bei Topside zu bleiben, denn etwa hundert Meter weiter lief der Hügel flach aus.

„Ich kann ihn nicht halten!" rief Moni verzweifelt.

„Keine Angst, ich bin gleich bei dir. Halt dich nur fest!" rief Julia zurück. Sie versuchte, zuversichtlich zu klingen, obwohl sie es nicht war. Sie hoffte nur, daß Moni nicht merkte, in welcher Gefahr sie schwebte. Das würde ihre Panik nur vergrößern.

Julia kam es vor, als wäre das Ganze nur ein Traum und

sie ein unbeteiligter Zuschauer. Sie war sich zwar der Pferde bewußt, die am Flußufer entlangrasten, und sie spürte auch die Kraft des Pferdes unter sich, hörte das Donnern der Hufe, doch das einzige, was sie wirklich sah, war Monis Fuß, der bis über die Ferse durch den Steigbügel gerutscht war. Dieser Anblick trieb sie so sehr an, wie sie es nie für möglich gehalten hätte. Langsam, geradezu unerträglich langsam brachte sie Pepper dazu, bergab zu galoppieren, dichter an Topside, dichter an den eingeklemmten Fuß heran.

„Halt dich fest", flüsterte sie. „Halt dich bloß fest. Laß die Mähne nicht los. Fall nicht. Bitte halt dich fest..."

Pepper konnte ihre Worte zwar nicht verstehen, aber er spürte die Dringlichkeit. Er vergrößerte seine Sprünge und galoppierte weiter bergab, auf den durchgehenden Topside zu.

Selbst als Pepper Topside endlich erreicht hatte und Julia nach den Zügeln griff, die auf Topsides Hals lagen, konnte Julia nur an eines denken – an Monis durch den Steigbügel gerutschten Fuß.

Julia beugte sich vor und griff mit der rechten Hand nach Topsides Zügeln; ihre eigenen hielt sie in der linken. Sobald Topside den ersten Zug am Zügel spürte, wurde er langsamer.

„Ruhig, ruhig", sagte Julia mit tiefer Stimme. Topsides Ohren drehten sich zu ihr. „Hoo, ganz ruhig", sagte sie, und er bremste abrupt ab.

Er hielt so plötzlich an, daß Moni beinahe über seinen Hals gerutscht wäre, doch ihr Griff in die Mähne rettete sie.

„Ist es vorbei?" fragte sie mit zittriger Stimme.

„Ja, es ist vorbei", sagte Julia. Sie holte tief Luft und versuchte, möglichst sachlich zu sein. „Jetzt stell deine Füße in die Steigbügel, nimm die Zügel auf und laß uns zum Stall zurückreiten."

„Muß ich unbedingt reiten?" fragte Moni. „Kann ich nicht zu Fuß gehen?"

„Hast du nie gehört, daß man gleich wieder aufsitzen soll?" fragte Julia.

„Klar, aber ich bin schließlich nicht runtergefallen", erwiderte Moni grinsend. „Und außerdem brauche ich mir nichts zu beweisen. Ich weiß bereits, daß Reiten nicht mein Fall ist."

Julia lächelte. „Du hast dich prima gehalten, Moni, wirklich. Ich kenne eine Menge Reiter, die das nicht so gut hingekriegt hätten wie du."

„Ehrlich?"

„Ja, ehrlich. Nun müssen wir aber zurück. Wir können beim Reiten reden. Es gibt einiges, was ich dir sagen muß."

Moni nahm die Zügel auf, schob ihre Füße in die Steigbügel und gab einen leichten Schenkeldruck, um Topside in Bewegung zu versetzen. Er schaute sie kurz an und befolgte dann brav ihre Anweisung.

„Er schämt sich", behauptete Julia. „Er weiß, daß er ungezogen war. Wahrscheinlich weiß er auch, daß er dich in Gefahr gebracht hat. Aber jetzt wird er brav sein. Er versucht dir zu sagen, daß es ihm leid tut." Sie hielt inne. „Ich wünschte, für mich wäre das genauso leicht, denn ich möchte mich ebenfalls bei dir entschuldigen."

Moni antwortete nicht, worüber Julia sehr froh war. Sie mußte Moni vieles sagen, und obwohl sie nicht wußte, wie sie anfangen sollte, würden ihr die richtigen Worte schon einfallen. Sie hoffte nur, daß sie es schaffte, das, was sie wirklich sagen wollte, besser auszudrücken, als es ihr in ihrem Artikel gelungen war.

„Ich glaube, ich muß mich mindestens zweimal entschuldigen. Als du mir neulich die ganzen Sachen über Nachbarn und Freunde erzählt hast, habe ich nicht verstanden, was du damit wirklich gemeint hast. Doch jetzt, da ich dich durch meinen zweiten Fehler verletzt habe, verstehe ich es. Klatsch gehört nicht in eine Zeitung. Mit meinen Artikeln über die Diebstähle habe ich viele Leute unglücklich gemacht. Ich weiß, ich habe wirklich Mist gebaut. Ich hatte kein Recht, meine Freunde zu benutzen, nur um einen Aufhänger für meine Artikel zu haben."

Moni hatte noch immer nichts gesagt, aber sie hörte zu, und das war schon mehr, als Julia erwarten konnte.

„Das ist der erste Teil der Entschuldigung. Der zweite ist schwieriger. Ich weiß, daß du gehört hast, wie Veronica meinen blöden Artikel über dich vorgelesen hat. Ich konnte kaum glauben, wie beleidigend er klang, als ich sie lesen hörte. So habe ich es nicht gemeint! Ich wollte nur allen Leuten sagen, wie nett du bist. Du bist ganz anders als alle anderen Leute, die ich kenne – und das ist in Ordnung, aber ich glaube, das war es nicht, was ich geschrieben habe, denn als Veronica es vorlas, klang es furchtbar. Es tut mir leid. Ich weiß nicht, wie ich es wiedergutmachen kann."

„Es gibt nur eine Möglichkeit", sagte Moni, „wie du es wiedergutmachen kannst."

„Wie? Sag es mir, und ich tue es!" versprach Julia.

„Du hast es schon getan. Du hast mir das Leben gerettet."

Moni hielt die Hand hin, und Julia schlug dankbar ein.

„Freunde?" fragte Julia.

„Klar", bestätigte Moni. „Es sei denn, ich muß reiten, um deine Freundin zu sein." Ganz offensichtlich hatte Monis neueste Erfahrung sie nicht zur Pferdenärrin gemacht.

„Ich glaube, befreundet zu sein, bedeutet, den anderen so zu nehmen, wie er ist. Also werde ich nicht versuchen, aus dir eine Pferdenärrin zu machen, wenn du nicht versuchst, aus mir einen verrückten Punk zu machen."

„Ganz bestimmt nicht", sagte Moni. „Leuchtendes Orange ist sowieso nicht deine Farbe!"

Julia lachte. Es war ihr erstes Lachen seit langer Zeit, und es tat ihr gut.

12

„Sieh dir das an! Das ist kaum zu glauben!" sagte Jenny zu Laura. Die beiden standen auf Samsons Weide. Sie versuchten, sich nicht zu bewegen, um dem Fohlen keinen Grund zur Flucht zu geben.

„Nicht bewegen", flüsterte Laura.

„Das geht nicht", erwiderte Jenny. „Wenn du dich langsam umdrehst, kannst du Julia und Moni sehen, die gerade von einem Ausritt zurückkommen. Es sieht so aus, als würden sie miteinander lachen und sich prima amüsieren."

„Du meinst, sie reden miteinander?" fragte Laura erstaunt.

„Sieh doch selbst."

Laura drehte sich langsam um. Jenny hatte recht. „Das glaube ich nicht!"

Samson kam auf Laura zu. Sie bewegte sich nicht, sondern öffnete nur ihre Hand so weit, daß Samson die kleine Möhre sehen konnte, die sie ihm hinhielt. Er schnupperte zögernd und kam dann noch näher, wobei er sich wesentlich mehr für die Möhre interessierte als für das Halfter, das an Lauras Handgelenk hing. Sie klopfte ihn mit der anderen Hand ab, und er blieb abwartend stehen. Sie hielt ihm das Halfter hin, und er beschnupperte es neugierig. Dann brach sie die Möhre durch, gab ihm eine Hälfte und legte ihm, während er kaute, das Halfter um. Er schien es kaum zu merken. Dies war seine erste Möhre gewesen. Laura gab ihm das zweite Stück Möhre. Dieser Leckerbissen beschäftigte ihn so sehr, daß er das Halfter nicht einmal bemerkte. Er schluckte das letzte Möhrenstück und schaute Laura bittend an. Sie klopfte ihn.

„Noch eine?" fragte Jenny.

„Nein", antwortete Laura. „Heute gibt es nur eine Möhre. Er soll ja lernen, ein Halfter zu tragen und nicht, daß Möhren gut schmecken. Gib Delilah die zweite."

Jenny gab Delilah die Möhre, die sie geräuschvoll zerkaute. Samson blieb währenddessen in Lauras Nähe. Sie vermutete zwar, daß das mehr mit den Möhren zu tun hatte als mit echtem Vertrauen, doch das Vertrauen würde sich im Laufe der Zeit schon einstellen.

Allmählich wurde Samson bewußt, daß er ein Halfter trug. Er schüttelte den Kopf, konnte es aber nicht loswerden. Daraufhin schüttelte er den Kopf heftiger.

„Diesmal lasse ich es ihn ein wenig länger tragen", sagte Laura zu Jenny. „Ich will es so lange dranlassen, bis er gelernt hat, daß er es zwar nicht loswerden kann, daß es aber auch nicht weh tut. Wenn wir es ihm zu früh wieder abnehmen, denkt er vielleicht, er braucht nur den Kopf zu schütteln, um es loszuwerden."

Laura ging langsam zum Zaun hinüber, an dem Delilah angebunden war, und setzte sich neben Jenny auf die oberste Zaunlatte. Beide beobachteten Samson.

Er schüttelte immer noch den Kopf, doch er wirkte dabei nicht ängstlich, sondern nur neugierig und vielleicht ein bißchen verärgert. Als er das Halfter durch sein Kopfschütteln nicht loswerden konnte, versuchte er es, indem er über die Koppel trabte, doch das half auch nicht. Er schüttelte wieder heftig seinen Kopf, machte ein paar Bocksprünge und kam dann zum Zaun, auf dem die Mädchen saßen. Dort versuchte er, sich das Halfter an der untersten Zaunlatte abzustreifen, doch auch das funktionierte nicht.

Jenny lächelte. „Ist er nicht lustig?" flüsterte sie ihrer Freundin zu.

„Ja, allerdings", antwortete Laura, ebenfalls im Flüsterton, und lächelte über seine Kapriolen. Beide bemühten sich, möglichst leise zu sein, um das Fohlen nicht zu erschrecken. „Ich glaube, ich habe mich verliebt", stellte Laura fest.

„Findest du nicht, daß er zu jung für dich ist?" witzelte Jenny.

Samson schaute Laura an, als ob ihm zum erstenmal bewußt geworden wäre, daß sie es war, die ihm das unheimliche Ding umgelegt hatte und daß sie ihn auch wieder davon befreien konnte. Laura aber rührte sich nicht.

„Reicht es noch nicht?" fragte Jenny.

„Noch eine Minute", sagte Laura und verlagerte ihr

Gewicht auf dem unbequemen Zaun. „Ich glaube, er wird gleich Hunger haben."

Delilah bewegte sich und machte Samson dadurch auf sich aufmerksam. Er betrachtete sie und warf dann einen Blick auf ihr Euter. Er zögerte noch einen Augenblick, schüttelte wieder den Kopf, doch der Hunger war stärker als seine Verärgerung. Er ging zu Delilah, steckte den Kopf unter ihre Flanke und begann zu trinken.

„Großartig!" sagte Laura. „Er hat sich schon so gut an das Halfter gewöhnt, daß er sogar damit trinkt."

„Vielleicht ist er aber auch so hungrig, daß es ihm egal ist."

„Das ist unwichtig. Wichtig ist nur, daß er es tut."

Julia und Moni stellten sich zu ihnen an den Zaun.

„Er ist so süß", stellte Moni fest.

„Ich dachte, du magst Pferde nicht", scherzte Julia.

„Ja, aber Samson ist kein Pferd. Er ist ein Fohlen – *kein* Pony. Wenn er groß ist, wird er ein Pferd sein, aber im Augenblick ist er noch ein Baby, und das bedeutet, daß er einfach süß ist."

„Super", lobte Julia, die sich freute, daß Moni immer noch wußte, was sie ihr einmal erklärt hatte.

„Wo wart ihr denn?" wollte Jenny wissen. „Wir haben dich beim Unterricht vermißt."

Julia und Moni sahen sich an. „Wir haben einen kleinen Ausritt gemacht", sagte Julia. „Moni wollte ein paar neue Sachen ausprobieren."

Das gab Jenny Hoffnung, denn sie hatte Moni bisher ohne Erfolg dazu ermutigt, eine schnellere Gangart als Schritt zu reiten. „Hast du auch versucht zu traben?" fragte sie Moni.

Moni sah Julia fragend an. „Bin ich getrabt?" fragte sie.

Julia grinste sie an. „Nein, den Trab hast du ausgelassen. Du hast gleich mit dem Renngalopp angefangen."

Jenny und Laura sahen die beiden mit großen Augen an. „Renntempo?" fragte Laura entsetzt.

Julia und Moni nickten.

„Ich glaube, ihr schuldet uns eine Erklärung", sagte Jenny.

„Okay. Wir erzählen euch die Geschichte heute nachmittag an eurem Swimmingpool."

Der Nachmittag würde hart werden für Julia. Sie und Moni würden nicht nur von Monis Höllenritt auf Topside erzählen müssen, sondern sie mußte auch die Gelegenheit ergreifen, sich bei ihren beiden besten Freundinnen zu entschuldigen. Sie hoffte nur, daß sie den beiden nicht auch vorher das Leben retten mußte!

Die nächsten paar Minuten richteten die Mädchen ihre volle Aufmerksamkeit wieder auf Samson, der inzwischen satt war und wieder anfing, seinen Kopf am Zaun zu reiben.

„Das reicht für heute", sagte Laura und ließ sich vom Zaun gleiten. „Komm her, komm", sagte sie und hielt

Samson ihre Hände hin. Samson kam brav herbei und hielt still, während sie das Halfter abnahm. „So ist es brav", lobte sie und streichelte ihn. Daraufhin machte Samson, froh über seine wiedergewonnene Freiheit, ein paar Bocksprünge. Laura kletterte über den Zaun, und Jenny ließ Delilah frei.

„Kann ich jetzt mit ihm spielen?" fragte Jenny hoffnungsvoll.

„Lieber nicht", entschied Laura. „Vielleicht nächste Woche. Das erste Spiel, das er lernen muß, ist ‚Folge-dem-Anführer' – allerdings an einer Führleine."

„Ist gut", sagte Jenny. „Du hast recht, und es tut mir leid, daß ich alles falsch gemacht habe."

„Das ist schon in Ordnung", beruhigte Laura sie. „Dafür hat man schließlich Freundinnen!"

Die vier Mädchen mußten lachen, und sie lachten immer noch, als sie im Umkleideraum ankamen.

Nachdem sie alle ihre Schuhe gewechselt hatten, fiel Julia ein, daß sie Mrs. Reg noch nicht gefragt hatte, ob sie bei einer der Stunden für Erwachsene zusehen durfte. Mrs. Reg war in ihrem Büro, und Julia wollte diese Chance nicht verpassen.

„Geht schon vor", sagte sie. „Ich komme in ein paar Minuten. Ich muß noch mit Mrs. Reg sprechen und auch mit Max. Hebt etwas Wasser für mich auf, ja?"

Es war ein heißer, feuchter Tag – zu heiß, um noch länger auf den Swimmingpool zu warten, und so beschlossen Jenny, Laura und Moni, sich auf den Weg zu machen.

Es war ein schwerer Tag für Julia. Sie würde froh sein, wenn er vorbei war, doch bis dahin hatte sie noch einiges vor. Sie mußte nicht nur mit Mrs. Reg über die Reitstunde der Erwachsenen sprechen, sondern sich auch für ihre Hilfe bedanken und sich für alles entschuldigen, was sie über Pine Hollow geschrieben hatte. Julia hatte den Eindruck, daß die Liste der Menschen, bei denen sie sich entschuldigen mußte, unendlich lang war. Auf ihr standen Max und alle Mädchen aus ihrer Reitstunde – sogar Veronica diAngelo. Sie holte tief Atem. Es konnte losgehen.

Max war in Mrs. Regs Büro, als sie an den Türrahmen klopfte, und Mutter und Sohn baten sie herein.

„Ich möchte mich bei Ihnen entschuldigen", begann Julia hastig. „Ich habe versucht, etwas zu tun, was gut für mich, aber auch gut für Sie sein sollte, aber ich habe einfach nicht bedacht, was ich tatsächlich tat. Bei mir hat es sich angehört, als wäre hier nichts und niemand sicher. Es tut mir leid, und ich werde es nicht wieder tun." Julia schaute auf den Boden. Sie konnte Max nicht ins Gesicht sehen.

„Wir wissen, daß du versucht hast zu helfen", sagte Max.

„Aber es hat nicht geklappt", erwiderte Julia. „Es hat Jenny und Laura nicht geholfen und dir auch nicht. Es hat nicht einmal mir selbst geholfen!" Sie lächelte trotz ihrer Niedergeschlagenheit. „Das erste, was mir wirklich geholfen hat, war Ihre Geschichte heute, Mrs. Reg. Ich weiß jetzt, daß Sie mir sagen wollten, daß ich mich entschuldigen muß. Und das tue ich hiermit. Außerdem möchte ich gern in meinem nächsten Artikel den Reitunterricht für Erwachsene mit dem für Jugendliche vergleichen. Darf ich, Max? Läßt du mich zusehen?"

„Klar", sagte er und lächelte gequält. „Vorausgesetzt, du schreibst nicht über einzelne Schüler aus einem der beiden Kurse."

„Du meinst, ich soll unfreundliche Äußerungen über besonders schlechte Reiter vermeiden und sie vor allem nicht beim Namen nennen?"

„So etwas in der Art", erwiderte Max, der nun wirklich lachen mußte.

„Keine Sorge, ich glaube, ich habe meine Lektion gelernt", versicherte Julia.

Mrs. Reg schaute auf den Kalender und den Unterrichtsplan. Am nächsten Tag gab Max eine Stunde, bei der Julia zusehen durfte.

„Danke", sagte Julia, bevor sie ging. „Vielen Dank."

„Ich glaube, wir müssen uns auch bei dir bedanken", sagte Max. „Moni Sanders hat es irgendwie geschafft, Red davon zu überzeugen, daß sie allein ausreiten durfte. Ich danke dir, daß du losgeritten bist und sie heil zurückgebracht hast. Es gab doch keine Probleme, oder?"

Julia dachte kurz nach, bevor sie antwortete. Wenn sie Max die Wahrheit sagte, würde sie Red in Schwierigkeiten bringen und wahrscheinlich auch Jenny, denn Moni war ihr Gast, und Moni würde mit Sicherheit Ärger bekommen. Aber da schließlich alles gutgegangen war, machte eine kleine Notlüge wohl keinen Unterschied.

„Nein, es war alles in Ordnung", sagte Julia. „Ich habe sie erwischt, bevor sie sich verreiten konnte oder womöglich Probleme aufgetaucht wären."

„Trotzdem vielen Dank", sagte Max.

Julia hatte das Gefühl, als hätte sie gerade einige ihrer neuen Erkenntnisse über den Journalismus, aber auch über Freundschaft in die Tat umgesetzt. Man mußte die Fakten gegeneinander abwägen, bevor sie gedruckt werden konnten. Nicht alle Tatsachen gehörten in die Zeitung. Sie fühlte sich zum erstenmal an diesem Tag richtig gut.

Julia suchte in ihrer Tasche herum, doch sie konnte Block und Stift nicht finden, um den Termin für die Reitstunde der Erwachsenen zu notieren. Sie mußte ihn aber aufschreiben, andernfalls würde sie ihn bestimmt vergessen. Sie tastete auf dem Boden der Tasche nach dem Diktiergerät, doch auch das war verschwunden. Ihr Magen krampfte sich zusammen. Ihr Vater hatte ihr den kleinen Recorder geliehen! Er wäre außer sich, wenn sie das Gerät verloren hätte, und sie würde es von ihrem Taschengeld abstottern müssen, bis sie alt und grau war.

Hastig schüttete sie den gesamten Inhalt der Tasche auf den Boden. Sie fand ein paar Bleistifte und eine Packung Kaugummi, aber keine Spur von dem Diktiergerät.

Wann hatte sie es zuletzt benutzt? fragte sie sich. Sie erinnerte sich daran, auf der Bank im Umkleideraum gesessen zu haben, kurz bevor Moni hereinkam. Sie hatte gerade Monis Namen auf das Band gesprochen, als Gedächtnisstütze für den schrecklichen Artikel, der heute erschienen war. Danach hatte sie das Gerät nicht mehr gesehen, da war sie ganz sicher. An jenem Tag hatte sie es in ihr Schrankfach gelegt, aber wo war es jetzt? Wahrscheinlich war der Dieb, der Jennys Geldbörse genommen hatte, zurückgekommen, um ihr Diktiergerät zu stehlen – aber vielleicht handelte es sich auch um einen Racheakt!

Einem hysterischen Anfall nahe, kniete Julia sich auf den Boden vor ihrem Schrank, um das Fach noch einmal zu durchsuchen. Es schien leer zu sein. Sie langte mit dem Arm in das tiefe Fach. Doch das einzige, was sie fühlen konnte, war glattes Holz und die Mauer an der Rückseite des Fachs. Sie lehnte sich noch mehr nach vorn und tastete das Fach ab. Dann fühlte sie etwas – die Kante eines kleinen Kastens. Sie mußte sich sehr strecken, um den Kasten fassen zu können. Mit einem erleichterten Seufzer zog sie das Diktiergerät hervor. Irgendwie war es in ihrem Schrank so weit nach hinten gerutscht, daß es vom Bodenbrett in den Spalt zwischen Schrank und Wand gefallen war. Erleichtert steckte sie das Diktiergerät in die Tasche und machte sich auf den Weg zu Jenny. Für einen einzigen Tag hatte sie genug Probleme gehabt!

13

„Du brauchst gar nichts zu sagen“, sagte Laura zu Julia, als diese völlig erledigt bei Jenny eintraf. „Moni hat uns schon alles erzählt. Und du brauchst dir keine Sorgen zu machen, wir sind dir nicht böse. Wie du Moni gerettet hast, war einfach toll, und außerdem wußten wir von Anfang an, daß dir über deine Kolumne irgendwann ein Licht aufgehen würde. Schließlich bist du unsere Freundin, also kannst du gar nicht ganz dumm sein!“

Julia lächelte dankbar. „Ich danke euch. Ich bin froh, Freundinnen wie euch zu haben, denn wenn man solchen Mist baut wie ich, dann braucht man sie!“

Jenny warf Julia einen halb aufgeblasenen Wasserball zu. „Beweg dich! Zieh deinen Badeanzug an. Wir haben mit der Wasserschlacht auf dich gewartet!“

„Ich bin sofort wieder da“, versprach Julia und grinste Laura und Moni fröhlich an. Dann machte sie sich auf den Weg in Jennys Zimmer, um sich dort umzuziehen.

Jenny, die auf dem Bauch auf ihrem Handtuch gelegen hatte, richtete sich ruckartig auf. Obwohl sie froh war, daß Julia sich wieder normal benahm, war ihr doch gerade klargeworden, daß noch nicht alle Probleme gelöst waren. Sie legte das Kinn in die Hände und seufzte.

„Wir haben immer noch ein großes Problem", sagte sie zu Laura, „und zwar das Geld für den Geburtstag deines Vaters."

„Da wird sich schon eine Lösung finden", sagte Laura.

„Wohl kaum", erwiderte Jenny. „Ich habe alles versucht."

„Du bist ein echter Schwarzseher", stichelte Laura.

„Wogegen du offenbar an Wunder glaubst!" konterte Jenny.

„Also, ich sehe das Ganze realistisch", warf Moni ein, „und ein Realist benutzt sein Gehirn, um ein Problem zu lösen, und nicht seine Muskeln."

Laura und Jenny sahen sie an und brachen in Gelächter aus. „Also gut, Superhirn, was sollen wir tun?" fragte Jenny.

„Keine Ahnung", sagte Moni. „Ich weiß zumindest immer einen passenden Spruch. Das heißt, ich muß nicht auch noch wissen, was zu tun ist." Sie drehte sich herum, um auch auf der anderen Seite braun zu werden, und setzte ihre flaschengrüne Sonnenbrille mit den schwarzen Spiegelgläsern auf, wie um anzudeuten, daß sie der Meinung war, zu diesem Thema genug beigetragen zu haben.

„Na gut, lassen wir unsere Realistin schlafen", sagte Jenny zu Laura. „Aber hier kommt unsere rasende Reporterin. Vielleicht hat sie eine Idee."

Es war ein so schwül-heißer Tag, daß Julia gar nicht bei ihren Freundinnen stehenblieb, sondern schnurstracks zum Pool marschierte. Das kühle Wasser erfrischte sie und schien all ihre Sorgen fortzuspülen. Sie tauchte unter und durchschwamm das ganze Becken. Als sie wieder auftauchte, schüttelte sie den Kopf, um das Wasser aus den Ohren zu bekommen, blinzelte zweimal und sagte: „Das ist wundervoll!" Sie stemmte sich aus dem Becken, strich das Wasser aus ihren Haaren, breitete ihr Handtuch neben denen ihrer Freundinnen aus und legte sich darauf, um sich dem süßen Nichtstun zu überlassen. Jenny allerdings vereitelte diesen Plan.

„Also, was meinst du: betteln, borgen oder stehlen?" fragte sie.

„Häh?" murmelte Julia, die die glühende Hitze bereits schläfrig gemacht hatte.

„Die fünfzehn Dollar, die Laura für das Geschenk ihres Vaters braucht", erklärte Jenny.

„Ach so", sagte Julia und griff nach der Sonnenschutzcreme. „Ich glaube, das Problem kann ich lösen. Wartet mal eine Minute." Sie dachte über ihre Arbeit bei der Zeitung nach. Mit ihrer Gedankenlosigkeit hatte sie genug Leute verletzt. Es schien nur richtig, es wiedergutzumachen. Schließlich hatte Mr. Teller versprochen, ihr jede Woche fünfzehn Dollar zu zahlen. Und Laura den Lohn einer Woche zu geben, war das mindeste, was sie tun konnte.

„Ich könnte – he, wartet mal!" sagte Julia. Plötzlich kam

ihr eine Idee. „Vielleicht habe ich sogar zwei Lösungen für dieses Problem." Sie setzte sich auf und sah ihre Freundinnen aufgeregt an. „Denn ich glaube, ich rieche..." Sie unterbrach sich und dachte nach.

„Eine Ratte?" schlug Jenny hilfreich vor, doch Julia schüttelte den Kopf.

„Ein Stinktier?" fragte Laura, und wieder schüttelte Julia den Kopf.

„Was denn sonst?" wollte Moni wissen.

„Ich rieche frische Farbe!" verkündete Julia.

„Natürlich tust du das", sagte Jenny. „Schließlich waren wir alle die letzten paar Wochen diesem Gestank ausgesetzt, wenn wir im Stall waren. Der Gestank ist dort inzwischen in jedem Raum!"

„Das ist es!" sagte Julia aufgeregt. „Das ist die Lösung!"

„Das ist keine Lösung, sondern ein Problem", stellte Jenny richtig. „Ich kann es kaum abwarten, bis die Arbeiten fertig sind. Es dauert so lange, weil jeden Tag immer nur ein kleines Stück gestrichen wird. Allein den Umkleideraum zu streichen, hat fast eine Woche gedauert!"

„Und genau das meine ich", sagte Julia. „Wenn man malt, muß man doch die Möbel wegschieben. Und wenn man fertig ist, schiebt man sie wieder zurück. Die meisten Leute haben wahrscheinlich gar nicht bemerkt, daß die Sachen bewegt wurden, es sei denn, irgend etwas ist hinterher nicht an seinem Platz."

„Ich glaube, ich weiß, worauf du hinauswillst", sagte Jenny aufgeregt.

Laura und Moni sahen verwirrt aus. Jenny erklärte es ihnen. „Was Julia meint, ist, daß die Pferdepfleger wochenlang im Umkleideraum gestrichen haben, und jedesmal, wenn sie wieder ein Stück Wand malen wollten, haben sie Sachen – wie etwa unsere Schränke – von der Wand abgerückt. Dinge, die in den Fächern weit hinten lagen, können, wohlgemerkt *können*, hinten hinausgefallen sein und sind jetzt irgendwo festgeklemmt, wo man sie nicht gleich findet!"

„Das wäre ein Ding!" sagte Laura.

„Allerdings, und ich werde mit Sicherheit nicht bis Dienstag warten, um herauszufinden, ob es so ist. Los, laßt uns sofort gehen!"

Das brauchte Jenny nicht zweimal zu sagen. Der Swimmingpool würde immer noch auf sie warten, wenn sie zurückkamen. Die Mädchen zogen in aller Eile Shorts und T-Shirts über ihre Badeanzüge und machten sich auf den Weg zum Reitstall.

Von Jennys Haus zum Stall war es nicht weit, und die Mädchen legten den Weg in aller Eile schweigend zurück. Die Möglichkeit, Lauras Geld wiederzufinden, versetzte sie in solche Aufregung, daß sie sich nicht unterhalten konnten. „Schon wieder da?" fragte Max, als die Mädchen an seinem Büro vorbeikamen.

„Wir haben eine Mission zu erfüllen", sagte Jenny geheimnisvoll. Er schüttelte den Kopf und vertiefte sich wieder in sein *Reiterjournal.*

Der Umkleideraum war menschenleer. Die frischgestrichene Wand mit den Schränken sah aus wie immer.

„Julia, du und Moni, ihr geht an diese Seite. Laura und ich nehmen die andere. Wir müssen die Schränke nur etwa zehn Zentimeter weit abrücken, um zu sehen, ob unsere Theorie stimmt", erklärte Jenny, die das Kommando übernommen hatte.

Die drei Mädchen befolgten ihre Anweisungen. Die Schränke waren etwa drei Meter lang, anderthalb Meter hoch und ungefähr sechzig Zentimeter tief.

„Eins, zwei drei..."

Sie versuchten, den Schrank anzuheben. Er rührte sich nicht.

„Dieses Ding wiegt eine Tonne!" stellte Laura fest.

„Das ist egal", sagte Jenny. „Ich weiß, daß wir es bewegen können."

„Ach, unsere Schwarzseherin glaubt auf einmal auch an Wunder", neckte Moni sie.

„Spar deinen Atem für die Arbeit", schlug Jenny vor.

„Vier, fünf, sechs..." zählte Julia weiter. Doch der Schrank bewegte sich keinen Millimeter.

„Warum versuchen wir nicht, zuerst ein Ende des Schranks von der Wand zu rücken?" schlug Laura vor. „Wenn wir alle an einer Seite ziehen, müßte es gehen."

Es ging. Eilig liefen die Mädchen zum anderen Ende des

Schranks und wiederholten den Vorgang. Sie zogen immer wieder abwechselnd die rechte und die linke Schrankseite vor, bis schließlich Julia, die schmalste und dünnste von ihnen, sich hinter den Schrank quetschen konnte. Ihre Freundinnen standen auf der anderen Seite und warteten.

„Ein Reithandschuh", verkündete sie und warf ihnen einen braunen Wildlederhandschuh zu.

„Da wird sich Veronicas Pappi aber freuen", lästerte Jenny.

„Drei Gerten." Auch sie flogen oben über den Schrank. Laura befreite sie vom Staub und steckte sie in den Eimer zu den übrigen Gerten.

„Ein Schlüsselbund."

„Der von Karen natürlich", sagte Jenny.

„Ein Slip – rot mit weißen Sternen!"

„Ich habe mich schon gewundert, wo der wohl geblieben ist!" sagte Jenny, griff hastig danach und stopfte ihn in ihr eigenes Schrankfach. Laura und Moni lachten.

„Sonst nichts?" fragte Laura.

„Nur das hier", erwiderte Julia.

„Was denn?" fragte Jenny und schaute gebannt nach oben, wo gleich der nächste Gegenstand über den Schrank fliegen mußte.

„Ach, nur diese alte rote Geldbörse mit fünfzehn Dollar!" sagte Julia und quetschte sich, über das ganze Gesicht strahlend, hinter dem Schrank hervor.

„Jippie!" rief Jenny aus.

„Ich kann es nicht glauben", sagte Laura.

„Es ist aber wahr. Du kannst es ruhig glauben", sagte Julia und reichte Jenny ihre Geldbörse. „Und warte einen Moment, hier liegt noch mehr. Und zwar Geld", sagte sie und zwängte sich noch einmal zwischen Schrank und Wand. „Hier sind ein paar Münzen und sogar ein Silberdollar!"

„Das müssen die Zinsen sein!" alberte Moni.

Julia kam hinter dem Schrank hervor und drückte Jenny das Kleingeld in die Hand. „Wenn es Zinsen sind, gehört es dir, denn es war deine Geldbörse." Jenny steckte das Kleingeld zu ihrem eigenen Penny und Lauras fünfzehn Dollar.

„So, nun laßt uns den Schrank zurückschieben und von hier verschwinden. Schließlich wartet der Swimmingpool auf uns!" sagte Jenny. „Und außerdem haben wir jetzt wirklich etwas zu feiern!"

Mit vereinten Kräften schoben die Mädchen den Schrank wieder an die Wand. Sie waren alle so erleichtert, daß Lauras Geld wieder aufgetaucht war, daß es ihnen viel leichter fiel, den Schrank zurückzuschieben, als ihn abzurücken. Die gefundenen Gegenstände verteilten sie auf die Fächer ihrer rechtmäßigen Besitzer.

„So, das war das", sagte Laura und klopfte den Staub von ihrer Hose. „Das gesamte Rätsel ist gelöst, und alle vermißten Gegenstände sind gefunden."

„Nicht alle", korrigierte Jenny. „Wir haben den Handschuh, die Schlüssel und die Gerten, aber was ist mit Annas Reitkappe?"

Jetzt erinnerte sich Julia, daß Anna ihre verschwundene Kappe erwähnt hatte. Doch sie hatte eine Idee. „Ich überlege, ob vielleicht einer der Maler die Kappe gefunden hat und nicht wußte, was er damit tun sollte", sagte sie.

An der dem Schrank gegenüberliegenden Wand hingen Dutzende von nahezu identischen schwarzen Samtkappen. Da in diesem Stall niemand ohne Kappe reiten durfte, konnten sich alle, die keine eigene besaßen, eine von diesen stalleigenen Kappen ausleihen.

„Der beste Platz, um eine schwarze Samtkappe zu verlieren, ist zwischen schwarzen Samtkappen, findet ihr nicht auch? Wenn wir an beiden Enden anfangen und die Kappen durchsehen, finden wir bestimmt eine, in der Annas Name steht."

Es dauerte nur ein paar Sekunden. Annas Kappe hing an einem der oberen Haken, der eigentlich für eine der größeren Kappen für die erwachsenen Reiter gedacht war. Die Mädchen legten Annas Reitkappe in ihr Fach und waren dann bereit, zum Swimmingpool zurückzukehren.

„Wer zuletzt da ist, ist ein Sumpfhuhn!" sagte Jenny.

„Falsch", korrigierte Julia. „Heute ist keine von uns ein Sumpfhuhn. Wir sind alle perfekt!"

14

„Ich liebe die Großstadt, aber Einkaufszentren sind auch toll!" stellte Moni am folgenden Morgen fest, kurz nachdem Mrs. Atwood die vier Mädchen abgesetzt hatte, damit sie das Geburtstagsgeschenk für Oberst Hanson aussuchen konnten.

„Gibt es bei euch denn keine Einkaufszentren?" fragte Julia.

„Nein", sagte Moni. „Es gibt zwar einen Haufen coole Geschäfte in Washington, aber das ist nicht dasselbe. Es ist toll, so viele verschiedene Geschäfte in einem Gebäude zu haben!"

„Sie wird das Landleben schon noch lieben, wenn nicht wegen der Pferde, dann eben wegen der Einkaufszentren!" sagte Jenny. „Ich kann kaum glauben, daß du morgen schon wieder wegfahren mußt – ich werde dich vermissen. Es hat Spaß gemacht, so zu tun, als hätte ich eine Schwester. Kommst du nächstes Wochenende wieder und gehst mit uns ins Einkaufszentrum?"

„Klar", sagte Moni. „Jederzeit. Einkaufszentren sind klasse!" Sie warf einen verstohlenen Blick auf eine Gruppe von Jungen in bunten Surfer-Shorts und T-Shirts, die vor einem Hamburger-Restaurant herumlungerten. Die Mädchen kicherten.

„So, jetzt haben wir die Schönheiten am Wegesrand lange genug bestaunt – also an die Arbeit!" sagte Julia und führte die Gruppe in Richtung des Schallplattenladens.

Auf dem Weg dorthin kamen sie an dem Geschäft vorüber, in dem Moni ihre Patronenhülsen-Ohrringe gekauft hatte. Außerdem machten sie Station in einer Boutique und in einem Schuhgeschäft, das nur Schuhe für junge Leute führte.

Im Zoogeschäft konnten sich die Mädchen nicht entscheiden, welches Hundebaby ihnen am besten gefiel – der Cockerspaniel, der Spitz oder der Dalmatiner –, aber sie spielten mit allen dreien!

Laura mußte lachen, als ein quicklebendiger Yorkshireterrier ihr Gesicht mit feuchten Hundeküssen bedeckte. „Er ist wirklich süß", sagte sie, als sie ihn der Verkäuferin zurückgab. „Aber nicht halb so süß wie Samson", fügte sie dann hinzu.

Die Sattelclub-Mädchen mußten Moni aus dem Zoogeschäft beinahe hinauszerren. „In eurer Wohnung ist Tierhaltung bestimmt verboten", sagte Julia mitfühlend.

Die vier gönnten sich eine Cola und schlenderten dann weiter zur Parfümerie, wo sie sich mit einer Unzahl von Parfums einsprühten.

„Ich glaube, jetzt riechen wir schlimmer als frische

Farbe", bemerkte Jenny und wedelte mit ihren Händen in der Luft herum.

„Also, ich finde den Farbgeruch inzwischen wundervoll", sagte Laura. „Schließlich war er es, der Julia den Hinweis darauf gab, wo deine Geldbörse sein könnte."

„Okay, ich liebe den Geruch auch. Was tun wir jetzt?" Jenny schaute sich in der Hoffnung auf eine Eingebung suchend um. „Seht mal, dort drüben!" Sie zeigte auf einen Tisch mit Make-up, an dem man sich kostenlose Proben nehmen durfte. „Moni kann euch zeigen, wie man sich die Augen auf die verrückteste Weise zurechtmacht, nicht wahr, Moni?"

„Klar", sagte sie. „Aber ich weiß nicht, ob sie den Schmetterling genauso schnell lernen wie du."

Julia hätte sich nie vorstellen können, einmal Lidschatten zu tragen, der die Form eines Schmetterlings hatte, doch als Moni fertig war, gefiel ihr der Effekt. Es war mal etwas anderes! „Mein neues Ich?" fragte sie ihre Freundinnen und zwinkerte ihnen zu, um ihren Lidschatten zu zeigen. Die drei lachten, und sie stimmte in das Gelächter ein. „Ich finde, meine Schmetterlinge sind mindestens genauso hübsch wie Lauras Regenbogen!"

Julia grinste Laura an. „Was hat Jenny denn jetzt vor?"

Jenny schaute fasziniert in den Spiegel auf dem Tresen und malte sich mit einem Lippenstift ein rotes Herz auf die Wange. „Seht nur!" rief sie und drehte sich um.

„Stark!" sagte Moni anerkennend.

„Ich wußte, daß es dir gefallen würde. Und was tun wir jetzt?" fragte Jenny. „Ich glaube, das ist heute meine Lieblingsfrage."

„Nun, bisher hast du sie immer selbst beantwortet", sagte Julia. „Ich glaube, ich hatte hier noch nie soviel Spaß, ohne Geld auszugeben."

„Dann laßt uns damit anfangen. Hier ist der Plattenladen", sagte Laura und führte ihre Freundinnen in das Geschäft.

Zum Aussuchen brauchte Laura immer viel Zeit, und Julia und Jenny hüteten sich, ihr zu helfen. Dieser Einkauf war zu wichtig, als daß sie dabei stören durften. Laura wollte ganz allein das Richtige finden.

Jenny war ganz wild darauf, noch mehr Abenteuer zu erleben, und auch Julia und Moni wollten weiter auf Entdeckungsreise gehen. Sie beschlossen, Laura allein zu lassen und eine halbe Stunde später wieder abzuholen. Laura war so in das Plattenangebot vertieft, daß sie Jennys Vorschlag kaum wahrnahm.

„Wißt ihr, was ich gern tun würde?" fragte Jenny. „Erinnert ihr euch an den Silberdollar, den du gefunden hast, Julia?"

„Ja", sagte Julia, der die Erinnerung an den „Dieb" von Pine Hollow immer noch etwas peinlich war.

„Ich möchte den Stand finden, an dem die Lose zugunsten der Bücherei verkauft werden, und dann will ich den

Dollar dazu verwenden, ein Los zu kaufen. Ich habe das Gefühl, es ist ein Glücksdollar."

„Okay", sagten Julia und Moni. Die Lose wurden in der kleinen Zweigstelle der Bücherei verkauft, die im Einkaufszentrum untergebracht war. Die Mädchen kamen auf ihrem Weg dorthin an verlockenden Geschäften vorbei. Doch da sie nur eine halbe Stunde Zeit hatten, betraten sie keines von ihnen.

„Nur eine Schokoladenbrezel?" bettelte Moni, als sie am Süßwarenladen vorüberkamen.

„Vielleicht auf dem Rückweg", entschied Jenny großzügig. „Jetzt haben wir eine Mission zu erfüllen."

Julia stieß Moni mit dem Ellbogen an und grinste. „Wenn Jenny auf einer Mission ist, muß man sich vor ihr in acht nehmen!"

Jenny streckte ihr die Zunge heraus und trat auf die Rolltreppe. Doch als sie vor der Bücherei ankamen, war der Tisch des Losverkäufers nirgends zu sehen.

„Vielleicht ist es vorbei", sagte Julia.

„Bloß nicht – nicht, bevor die meinen Silberdollar haben", sagte Jenny. „Ich gehe mal rein und frage." Julia und Moni folgten ihr.

Jenny liebte die Bücherei. Es war kühl darin, und das Licht war gedämpft. Der ganze Raum duftete nach Papier und Leim, und er war angefüllt mit Büchern, die wundervolle Geschichten und Abenteuer aus fernen Ländern erzählten. Normalerweise führte Jennys erster Weg immer zu den Tierbüchern, doch diesmal hatte sie eine Mission zu erfüllen. Die Bibliothekarin stand hinter dem Ausgabeschalter.

„Ist der Losverkauf schon vorbei?“ fragte Jenny.

„Ja, leider“, sagte die Frau. „Die Ziehung war letzte Woche. Wir versuchen immer noch, die Gewinner zu benachrichtigen. Wir nehmen natürlich jederzeit gern Spenden entgegen, aber Lose gibt es leider nicht mehr.“

Jenny holte ihren Silberdollar aus der Tasche. Ein Silberdollar war etwas ganz Besonderes. Viele Leute bewahrten eine solche Münze als Glücksbringer auf, doch Jenny wußte ganz genau, daß es ihr nie gelingen würde, Geld, in welcher Form auch immer, lange aufzubewahren! Doch da ein Silberdollar etwas Besonderes war, wollte sie ihn auch für etwas Besonderes verwenden. Auch wenn sie kein Los mehr kaufen konnte, sollte die Bücherei den Dollar doch bekommen. Sie beschloß, ihn zu spenden.

„Na gut“, sagte Jenny. „Dann mache ich eine Spende.“

„Oh, vielen Dank“, sagte die Bibliothekarin freudig überrascht. „Im nächsten Jahr kommst du früher, und dann bekommst du auch noch ein paar Lose. Vielleicht hast du dann soviel Glück wie unsere Hauptgewinnerin.“

„Wer ist es?“ fragte Jenny. „Jemand aus Willow Creek?“

„Nein, sie ist nicht von hier. Ich glaube, sie war hier nur zu Besuch. Eine gewisse Moni Sanders. Wir haben sie bisher noch nicht ausfindig machen können, aber…“

„Haben Sie Moni Sanders gesagt?“ stieß Jenny ungläubig hervor.

Die Bibliothekarin überprüfte den Namen. „Moni Sanders, das stimmt“, sagte sie.

Jenny spürte, wie aufgeregt sie war. „Und was hat sie gewonnen?“ fragte sie.

„Der Hauptgewinn ist ein zweiwöchiger Aufenthalt in einem Reitcamp. Wir müssen sie bald finden, die Reiterferien fangen schon in einer Woche an!“

„Sie haben sie gefunden!“ verkündete Jenny.

Aufgeregt winkte sie Julia und Moni zu sich heran, damit sie die gute Nachricht erfahren konnten. Sie selbst war einfach sprachlos.

Jenny und Julia konnten kaum glauben, was für unverschämtes Glück Moni gehabt hatte. Sie kreischten vor Freude, umarmten sich und sprangen auf und ab. Normalerweise hätte man sie dafür aus der Bücherei geschickt, aber da Moni die Gewinnerin ihrer Verlosung war, freuten sich die Angestellten mit.

Nachdem alle Formalitäten erledigt waren und Moni ihre Gewinnurkunde in den Händen hielt, sausten die drei aus der Bücherei und rannten den ganzen Weg bis zum Plattenladen. Sie fanden Laura an der Kasse.

Es dauerte nur ein paar Minuten, ihr die gute Nachricht mitzuteilen, doch es kostete Zeit, sie davon zu überzeugen, daß es tatsächlich stimmte.

„Das schreit geradezu nach einem Sattelclub-Treffen

zum Feiern", verkündete Julia. „Und ich habe vom *Tageblatt* genug Geld bekommen, um jedem von euch einen Eisbecher zu spendieren!"

Die vier Mädchen gingen in die Eisdiele, suchten sich einen freien Tisch und setzten sich.

„He, wenn du in den Reiterurlaub fährst, kannst du auch Mitglied im Sattelclub werden", sagte Jenny zu Moni, während die Kellnerin ihre Bestellung aufnahm.

Moni spielte an ihrem gelben Papageien-Ohrring herum. Als die Kellnerin fort war, sagte sie: „Also wißt ihr, ich wäre gern in eurem Club, aber..." Sie unterbrach sich und sah Jenny an. „Ich weiß, daß ihr Pferde liebt. Ich bin sicher, sie sind auch toll, und ich sehe sie mir auch gern an, aber sie sind einfach nicht mein Fall. Unser Ausritt war nicht schlecht. Aber daß Topside mit mir durchgegangen ist, war nicht gerade einer meiner Wunschträume."

„Aber du warst klasse. Das hat Julia uns erzählt", erinnerte Laura sie. „Du hattest einfach Pech. Aber du wirst bestimmt noch eine gute Reiterin."

„Das ist es ja eben", sagte Moni. „Das will ich gar nicht. Ich mag euch wirklich gern und bin froh, daß wir so gute Freunde geworden sind. Ich komme gern wieder zu Besuch, und ich hoffe, ihr besucht mich auch einmal. Aber reiten? Lieber würde ich karierte Bundfaltenhosen und Rollkragenpullover tragen!"

Jenny grinste. „Dann steht dir im Ferienlager eine harte Zeit bevor", sagte sie.

„Wenn ich fahren würde...", sagte Moni. „Aber ich werde nicht fahren."

„Nicht?" fragten die drei anderen wie aus einem Mund.

„Natürlich nicht. Was glaubt ihr denn?" Die drei mußten lachen. „Ich möchte, daß du für mich fährst, Jenny. So kann ich dir für die tolle Zeit danken, die ich hier verbracht habe."

Die drei Mädchen sahen Jenny an, die jedoch sprachlos war. Als sie wieder sprechen konnte, kreischte sie, umarmte Moni und machte Julia einen Vorschlag.

„Wenn wir mit dem Eis fertig sind und du noch etwas Geld hast, gehen wir zur Bücherei zurück und tauschen den Silberdollar gegen eine normale Dollarmünze ein. Ich habe irgendwie das Gefühl, daß wir den Glücksdollar brauchen werden, um einen Weg zu finden, damit ihr beide, du und Laura, ins Reitcamp mitkommen könnt. Ich weiß wirklich nicht, wie ich zwei Wochen Ferienlager ohne euch beide überleben soll!"

Dem konnten Laura und Julia nur zustimmen. Je mehr Zeit die Mitglieder des Sattelclubs miteinander verbrachten, desto unmöglicher schien es, daß sie sich je trennen würden.

„Auf den Sattelclub im Reitcamp", sagte Moni und hob ihr Glas.

Auch die Sattelclub-Mitglieder erhoben ihre Gläser. „Und auf unser einziges nichtreitendes, nichtpferdeverrücktes, aber trotzdem sehr cooles Mitglied", sagte Laura und hieß Moni damit im Sattelclub willkommen.

Moni strahlte ihre drei Freundinnen an. Sie war genauso glücklich, ein Mitglied des Clubs zu sein, wie sich die anderen drei freuten, sie dabeizuhaben.

„Aber ich stelle eine Bedingung", sagte sie zu Jenny.

„Schon erfüllt", rief Jenny.

„Du mußt mir aus dem Reitcamp schreiben!"